Kohlhammer

Ludwig Liegle

Frühpädagogik

Erziehung und Bildung kleiner Kinder
Ein dialogischer Ansatz

Verlag W. Kohlhammer

Dem Freund und Vordenker Andreas Flitner gewidmet

Umschlagmotiv: © istockphoto: Matka Wariatka
Gesamtherstellung:
W. Kohlhammer Druckerei GmbH + Co. KG, Stuttgart

ISBN 978-3-17-022480-3

Inhalt

Einleitung

Wer sich heute auf eine Pädagogik der frühen Kindheit einlässt, ist mit einer Reihe von Fragen befasst, unter denen ich die folgenden hervorheben und ihnen auch besondere Aufmerksamkeit schenken möchte:

- Wie lässt sich – nach Jahrzehnten des bildungspolitischen Stillstands in Sachen Frühpädagogik – die derzeitige Hochkonjunktur für die Frühpädagogik in Deutschland, aber auch europaweit (EU) und weltweit (OECD, UNESCO) erklären? Verdankt sie sich der Überzeugungskraft pädagogischer Argumente, welche die Rechte, Interessen und Bedürfnisse der Kinder betonen, wie zum Beispiel das Recht auf Bildung bzw. auf einen Kitaplatz? Oder ist diese Hochkonjunktur eher auf die Wirkung außerpädagogischer Argumente zurückzuführen, welche betonen, dass Kinder „unsere Zukunft" sind, dass frühkindliche Bildung zur Sicherung der wirtschaftlichen Wettbewerbsfähigkeit, der Balance von Familien- und Erwerbstätigkeit und des künftigen Humankapitals notwendig ist und dass der Ausbau von Kitaplätzen zu einer Erhöhung der Geburtenrate beitragen kann? Oder sollten wir davon ausgehen, dass ein breiter gesellschaftlicher Konsens über die Notwendigkeit von Investitionen in den Ausbau und die Qualitätssicherung von frühpädagogischen Angeboten nur dann zustande kommt, wenn pädagogische *und* außerpädagogische Argumente in irgendeiner Form miteinander verbunden werden können und sich nicht wechselseitig ausschließen, sondern ergänzen?
- Wenn es denn beim Ausbau der familienergänzenden Früherziehung um die Kinder und ihr Wohl(-befinden) oder Wehe geht, wünscht man sich eine zuverlässige Antwort auf die Frage, wie sich die Teilnahme der Kinder an öffentlicher Erziehung langfristig auf ihre Entwicklung auswirkt. Können wir vertrauen auf die heutzutage in den EU-Ländern vorherrschenden, durch einige Forschungsbefunde gestützten Erwartungen, Hoffnungen und Versprechungen, denen zufolge durchaus positive Wirkungen zu erwarten sind, die insbesondere bei Kindern aus unterprivilegierten, bildungsarmen

Familien zu Buche schlagen? Oder sollten wir uns Sorgen machen angesichts der in früheren Zeitperioden vorherrschenden, heutzutage ebenfalls auf einige Forschungsbefunde gestützten Warnungen, denen zufolge überwiegend negative Wirkungen zu erwarten sind? Oder müssen wir damit rechnen, dass es weder ausschließlich positive noch ausschließlich negative Wirkungen gibt, sondern eine in sich widersprüchliche Kombination von Effekten, zum Beispiel – das hat die bislang umfassendste Langzeitstudie (Belsky 2010) gezeigt – die Kombination von positiven Wirkungen in bestimmten Bereichen der Entwicklung (hier: sprachlich-kognitive Entwicklung) mit negativen Wirkungen in anderen Entwicklungsfeldern (hier: sozial-emotionale Entwicklung)?

- Wie lässt sich die zentrale professionelle Aufgabe der Kindheitspädagogen bestimmen? Liegt sie darin, die Rechte, Interessen und Bedürfnisse ihrer „Klienten", der Kinder, zu vertreten (auch gegenüber anderweitigen, z. B. staatlichen Ansprüchen)? Oder liegt sie eher darin, den Kindern gegenüber kulturelle Normen und gesellschaftliche Erwartungen zu vertreten? Oder sollte Professionalität daran gemessen werden, ob und wie es den Kindheitspädagogen gelingt, eine flexible Balance in der Vertretung von Rechten und Interessen der Kinder einerseits und Belangen der Gesellschaft andererseits zu finden?
- „Was Hänschen nicht lernt, lernt Hans nimmer mehr" gehört zu den häufig zitierten Maximen zur Begründung der besonderen Bedeutung frühkindlicher Bildung. Wenn diese Maxime erfolgreiche Anwendung finden soll, muss eine Antwort auf die Frage gefunden werden, was Hänschen denn lernen soll. Sollen und können die Kindheitspädagogen den Kindern alles beibringen, was in der Gesellschaft als wichtig und nützlich bewertet wird? Oder sollen sie nur an das anknüpfen, was die Kinder interessiert und was sie von sich aus lernen wollen? Oder ist es angebracht, sich von solchen Alternativen und von der Vorstellung des Beibringens zu verabschieden, um statt dessen Erziehung und Bildung als ein kommunikatives Geschehen zu betrachten, das von den Erwachsenen und Kindern gemeinsam in ihren wechselseitigen Beziehungen und im gemeinsamen Bezug auf gesellschaftlich konsensfähige Welten der Bildung hervorgebracht und gestaltet wird?

- Gibt es allgemeingültige Aussagen über „das Wesen" der Kindheit? Ist die Lebensphase der frühen Kindheit als eine biologische Tatsache zu betrachten, auf die wir demzufolge überall auf der Welt in gleicher Weise stoßen? Oder hat die frühe Kindheit in jeder Zeit und an jedem Ort eine je besondere Gestalt, sodass sie als eine ganz und gar gesellschaftliche Tatsache gelten sollte? Oder sollten wir jenseits von dieser pauschalen Gegenüberstellung davon ausgehen, dass die frühe Kindheit – wie alle Lebensphasen – immer und überall vom Zusammenwirken biologischer und gesellschaftlicher Faktoren bestimmt wird?
- Wie wird in der Frühpädagogik berücksichtigt, was im Anschluss an Tomasello als „Koevolution von menschlicher Biologie und Kultur" umschrieben werden kann?
- Wie stellt sich angesichts der heutigen gesellschaftlichen Bedingungen das Verhältnis von professioneller und familialer Erziehung dar, und was bedeutet es für alle Beteiligten, dass Kinder heutzutage in zwei Welten der Kindheit – Familie und Kita – aufwachsen?

In der Art und Weise meiner Formulierungen kommt eine bestimmte Auffassung über Bestimmungsmerkmale pädagogischer Phänomene zum Tragen. Sie besagt, dass es auf die grundlegenden Fragen der Frühpädagogik – und vermutlich gilt dies auch für andere Teildisziplinen bzw. Handlungsfelder der Pädagogik – keine eindeutigen Antworten gibt. Vielmehr verweisen diese Fragen auf Spannungsfelder, die in der sozialen Praxis von Erziehung, Betreuung und Bildung angelegt und, dem zufolge, unvermeidbar sind. Solche Spannungsfelder müssen, wenn eine Ausrichtung an einseitigen Ideologien vermieden werden soll, immer wieder aufs Neue in öffentlichen Diskursen sowie im pädagogischen Alltag bedacht und ausbalanciert werden.

Der Gedankengang des vorliegenden Buches lässt sich wie folgt skizzieren:

Kapitel 1 erläutert die Vorstellung von der spannungsreichen Einheit der gleichermaßen biologisch wie sozial bestimmten Kindheit. Es mündet in den Versuch, das traditionsreiche anthropologische Denken im Lichte von Erkenntnissen der heutigen fächerübergreifenden Entwicklungsforschung zu aktualisieren. Dabei lautet die zentrale These: Die Überzeugung, dass Kindheit von der spannungsreichen Einheit von biologischen Faktoren (z. B. Anlagen) und sozialen Faktoren (z. B. Umweltbedingungen) bestimmt wird, sollte erweitert werden zur Vorstellung von der dreifach – nämlich biologisch, sozial und *selbst* – bestimmten Kindheit. Das „Selbst", von dem hier als eine Art dritter Faktor neben der biologischen und der sozialen Bestimmung des Menschen die Rede ist, wird verstanden nicht als eine monadische Einheit, sondern als das unabgeschlossene Ergebnis eines den gesamten Lebenslauf begleitenden Beziehungsgeschehens, an welchem das heranwachsende Individuum aktiv und interaktiv beteiligt ist.

Dieses Beziehungsgeschehen wird in *Kapitel 2* im Hinblick auf die (früh-)pädagogischen Grundbegriffe detailliert beschrieben. Die den Gedankengang leitende Idee besagt: Diejenigen Prozesse, welche in der wissenschaftlichen Pädagogik unter Begriffen wie Betreuung, Erziehung, Sozialisation, Bildung, Lernen und Entwicklung thematisiert werden, können nicht verdinglicht, sondern nur in der Perspektive eines zwischen Personen ablaufenden kommunikativen Geschehens angemessen verstanden werden. Entscheidend ist die Vorstellung: Pädagogische Praxis, die wir mit den genannten Begriffen beschreiben, lässt sich nicht jeweils der einen (z. B. der erziehenden) oder der anderen (z. B. der lernenden) Person zuschreiben. Vielmehr nimmt die pädagogische Praxis den Status eines *„Zwischen"* ein. Damit ist gemeint, dass pädagogische Praxis hervorgeht aus bzw. ihr Medium findet in den wechselseitigen Beziehungen zwischen Personen (insbesondere zwischen Erwachsenen und Kindern) sowie aus bzw. in deren gemeinsamer Bezugnahme auf Themen und Gegenstände, zum Beispiel auf Aspekte von „Weltwissen".

Die vielfältigen Facetten der pädagogisch relevanten Beziehungen werden in *Kapitel 3* dargestellt. Bei diesen Beziehungen handelt es sich in erster Linie um Beziehungen zwischen verschiedenen Generationen („Alt" und „Jung"), und zwar sowohl Familiengenerationen (Kinder und ihre Eltern sowie, durch die demographische Entwicklung begünstigt, ihre Großeltern) als auch Gesellschaftsgenerationen (Fachkräfte und Kinder). Wenn man danach fragt, wie das pädagogische Beziehungsgeschehen gestaltet und erlebt wird, stößt man auch hier – ebenso wie bei den grundlegenden Fragen der Frühpädagogik – auf unvermeidliche Spannungsfelder. Beispielsweise sind die Beziehungen zwischen Eltern (oder auch Fachkräften) und Kindern einerseits auf Wechselseitigkeit angelegt. Damit ist gemeint, dass Kinder vom frühesten Alter an das Beziehungsgeschehen aktiv mitgestalten und dass Einwirkungen in beiden Richtungen – von den Erwachsenen auf die Kinder und von den Kindern auf die Erwachsenen – stattfinden. Andererseits sind die Beziehungen zwischen Erwachsenen und Kindern – auch unter den heutigen liberalisierten Bedingungen – durch ein Machtgefälle gekennzeichnet: Die Angewiesenheit des kleinen Kindes auf die Pflege und Betreuung, Zuwendung und Anregung seiner erwachsenen Bezugspersonen versetzt das kleine Kind in eine Position der Abhängigkeit, aus der es sich erst allmählich befreien kann. Oder, um ein zweites Beispiel für Spannungsfelder im frühpädagogischen Beziehungsgeschehen anzudeuten: Das Bedürfnis des Kindes nach Verbundenheit mit den ihm nahe stehenden Erwachsenen kann in Konflikt geraten mit seinem Bedürfnis nach Autonomie. Ein produktiver Umgang mit derartigen Spannungsfeldern, die im pädagogischen Beziehungsgeschehen angelegt sind, wird in Kapitel 3 als wichtige Ausgangsbasis für den (lebenslangen) Prozess der Persönlichkeitsentwicklung beschrieben.

Wenn man das pädagogische Beziehungsgeschehen angemessen analysieren will, wird man sich allerdings nicht auf die Dynamik der interpersonellen Beziehungen und die in diesen ablaufenden Prozesse beschränken können. Man muss vielmehr in Rechnung stellen, dass das dialogische Beziehungsgeschehen in struktureller wie auch inhaltlicher Hinsicht durch je spezifische Bedingungen der historischen Zeit, der kulturellen Überzeugungen und Routinen sowie der Gesellschaftsverfassung modifiziert wird. Ein Beispiel dafür bietet die historische sowie die gesellschaftliche bzw. (sub-)kulturelle Vielgestaltigkeit der Eltern-Kind- und, allgemeiner gefasst, der Generationenbeziehungen. Noch innerhalb des Zeitraums der letzten fünfzig Jahre lassen sich Wandlungen in den familialen Beziehungsstrukturen bzw. in deren Wahrnehmung und Regulierung beobachten. Um den genannten Aspekten Rechnung zu tragen, befasst sich ein eigener Abschnitt mit den historisch-gesellschaftlichen und kulturellen Kontextbedingungen für die Wahrnehmung und Gestaltung erzieherischer Beziehungen.

Die Analysen in Kapitel 3 gehen von der Überzeugung aus, dass die pädagogische Praxis, die hier als historisch-gesellschaftliches und kulturell geprägtes Beziehungsgeschehen interpretiert wird, eine unabdingbare Sphäre der menschlichen Gesamtpraxis darstellt; unabdingbar deshalb, weil das pädagogische Beziehungsgeschehen zum einen den Individuen ermöglicht, ihr („transaktionales“) Selbst aufzubauen und die in ihnen angelegten Potentiale zu entwickeln, zum anderen aber die jeweilige Gesellschaft instand setzt, in der Abfolge der Generationen die kulturellen Wissensbestände, Werte und Institutionen weiterzugeben sowie weiter zu entwickeln und zu erneuern. Außerdem: Die zentrale *gesellschaftliche* Bedeutung des pädagogischen Beziehungsgeschehens wird mit dem Hinweis auf die Tatsache erläutert, dass dieses eine starke und im Verlauf der Kulturgeschichte kontinuierlich zunehmende und sich weltweit verbreitende Institutionalisierung erfahren hat; diese betrifft im historischen Prozess zunächst den schulischen Unterricht und danach, beginnend in der Mitte des 19. Jahrhunderts mit der Gründung von Kindergärten durch Friedrich Fröbel, familienergänzende Tageseinrichtungen für Kinder in der Lebensphase bis zur Einschulung.

Ausgewählte Aspekte dieser Institutionalisierung werden in *Kapitel 4* behandelt. Den Ausgangspunkt bildet die These, die – insbesondere am Fortschritt von Wissenschaft und Technik ablesbare – „kulturelle Evolution“ wäre nicht möglich gewesen ohne die Institutionalisierung kulturellen Lernens im Erziehungssystem der Gesellschaft. Die weltweit in jedem Nationalstaat vollzogene Etablierung eines Erziehungssystems hat zur Verlängerung der Kindheitsperiode und zur Definition der Kindheit als Erziehungs- bzw. Bildungskindheit geführt; sie lässt kulturelles Lernen zu einem wesentlichen Faktor in den Lebensläufen aller Mitglieder der nachwachsenden Generation werden. Das Erziehungssystem stellt denjenigen sozialen Ort dar, an welchem die Weitergabe bzw. Weiterentwicklung des kulturellen Erbes in der Abfolge der Generationen auf Dauer gestellt wird.

Die allgemeinen Grundlagen der Kultur- und Handlungsfähigkeit erwerben Kinder in der Regel nach wie vor durch die Erfahrung von Bindung und Anregung in „proximalen“ Generationenbeziehungen in der Lebenswelt der Familie. Unbeschadet dieser Tatsache sind alle uns bekannten Gesellschaften dazu übergegangen, dem Zweck der Erziehung (insbesondere in Gestalt von schulischem Unterricht) der nachwachsenden Generation gewidmete Institutionen zu schaffen und deren Besuch verpflichtend zu machen. Es gehört zu diesem Institutionalisierungsprozess, dass zur effektiven Wahrnehmung der von Staat und Gesellschaft definierten Erziehungsaufgaben pädagogische Berufe etabliert werden – Lehrer/innen für die Schulen und Erzieher/innen für die Tageseinrichtungen für Kinder im Vorschulalter.

In evolutionstheoretischer Perspektive argumentiere ich: Die Institutionalisierung und Professionalisierung des pädagogischen Beziehungsgeschehens haben sich im historischen Prozess deshalb herausgebildet, erhalten und weltweit verbreitet, weil sich gezeigt hat, dass auf diesen Wegen die Anpassung der Gesellschaften und der Individuen an die komplexen und sich verändernden, zunehmend vom Menschen selber geschaffenen Umweltbedingungen effektiver gelingt.

In Kapitel 4 werden Aspekte der Institutionalisierung von Betreuung und Erziehung nicht allein am Beispiel der Tageseinrichtungen für Kinder erörtert, sondern auch am Beispiel der Familie. Darin liegt auf den ersten Blick ein Widerspruch, zumal im Verlauf des Kapitels auch Gemeinsamkeiten und Unterschiede zwischen sowie die Konfiguration von „familialer" und „institutioneller" Erziehung behandelt werden. Dieser vermeintliche Widerspruch löst sich weitgehend auf, wenn man die evolutionstheoretische Betrachtungsweise in Rechnung stellt, welche in allen Kapiteln dieses Buches herangezogen wird. In dieser Perspektive stellt Familie – in einer großen Vielfalt sozialer Gestalten von der Mutter-Kind-Beziehung bis hin zu größeren Verbänden wie z. B. dem Stamm – die phylogenetisch älteste und die verbreitetste Form der Institutionalisierung von Pflege-, Betreuungs- und Erziehungsaufgaben dar; besonders deutlich wird dies bei der Organisation der Brutpflege bei vielen Tierarten. Familie kann insofern als ein Musterbeispiel für die „Koevolution von menschlicher Biologie und Kultur" gelten.

Wenn man pädagogische Praxis als Lebenslauf begleitendes Beziehungsgeschehen begreift, wie dies im vorliegenden Buch geschieht, dann lässt sich das pädagogische Denken und Handeln als „Beziehungspädagogik" kennzeichnen.

Im abschließenden *Kapitel 5* werden zwei Beispiele für Ansätze einer solchen Beziehungspädagogik in früher Kindheit skizziert.

Das vorliegende Buch ist teilweise aus einem Text hervorgegangen, den ich unter dem Titel „Kind und Kindheit" in einem Gemeinschaftswerk zur Pädagogik der frühen Kindheit veröffentlicht habe (Fried u. a.) 2012). Für kritische Kommentare und hilfreiche Anregungen danke ich insbesondere meiner Frau Adelindis Liegle, meinen Freunden Kurt Lüscher und Hans-Ulrich Schnitzler sowie Renate Thiersch.

1

Kindheit zwischen biologischer und kultureller Evolution: Die „kulturelle Natur" der menschlichen Entwicklung

Wir alle sind Kinder gewesen und können über unsere Kindheit nachdenken und erzählen. Kinder und Kindheiten erscheinen deshalb zunächst einmal als selbstverständliche Gegebenheiten. Spätestens dann jedoch, wenn beispielsweise Großeltern oder ausländische Gäste von ihrer Kindheit erzählen, werden wir gewahr: Zwar waren alle Erwachsene zunächst einmal Kinder, aber ihre Kindheiten weisen unter einander sowie im Vergleich zu unserer Kindheit viele Unterschiede auf. Für das Nachdenken über die eigene Kindheit ergibt sich daraus die Einsicht: Wären wir in einem anderen Land oder in einer anderen Geschichtsepoche geboren worden und aufgewachsen, so hätten wir eine andere Kindheit erfahren und hätten uns beispielsweise eine andere Muttersprache angeeignet; wir wären zu anderen Kindern und zu anderen erwachsenen Personen geworden; wir würden unsere Kindheit „anders" wahrnehmen und – als Eltern ebenso wie als Kindheitspädagogen – die Beziehungen zu Kindern anders gestalten.

In seiner Autobiographie „Dichtung und Wahrheit" hat Goethe die genannte Einsicht in dem Satz zusammengefasst: „Ein jeder, nur zehn Jahre früher oder später geboren, dürfte, was seine eigene Bildung und die Wirkung nach außen betrifft, ein ganz anderer geworden sein."

Ein Kind sollte demnach nicht nur als eine Person in einer biologisch bestimmten Lebensphase, sondern immer auch als ein Kind seiner Zeit sowie einer bestimmten gesellschaftlich-kulturellen Umwelt verstanden werden. In dieser historisch-kulturellen Perspektive erscheint, wie der Satz von Goethe zeigt, auch die „eigene Bildung" einer Person – ihre Individualität, ihre Identität, ihr „Selbst" – nicht etwa nur als Ausdruck biologisch bestimmter Anlagen und Reifungsprozesse, sondern auch als das (vorläufige) Ergebnis eines *Beziehungsgeschehens*, das den gesamten Lebenslauf begleitet. Dieses soziale Geschehen werden wir in Kapitel 2 im Lichte der (früh-)pädagogischen Grundbegriffe genauer beschreiben. Dabei wird deutlich werden: Die Erfahrung und Gestaltung von sozialen Beziehungen tragen entscheidend dazu bei, dass und wie wir die wechselseitige Abhängigkeit zwischen Anlage und Umwelt, Natur und Kultur sowie Individuum und Gesellschaft in unseren Lebenslauf und in unsere Persönlichkeitsentwicklung integrieren können.

1.1 Kindheit – ein Ergebnis der biologischen Evolution

Im Prozess der biologischen Evolution ist es bei den hoch entwickelten Säugetieren bzw. Nesthockern zur Ausbildung einer nachgeburtlichen Lebens- und Lernphase unterschiedlicher Dauer gekommen; deren Funktion liegt darin, den Nachwuchs vermittels verschiedener Formen der Tätigkeit und Erfahrung (z.B. Nachahmung, Spielen, Üben) zu jener Handlungsfähigkeit gelangen zu lassen, die zum Überleben in der je spezifischen Umwelt erforderlich ist. Allgemein kann man sagen: Je weniger angeborene Eigenschaften und Verhaltensweisen ausreichen, um Anpassung an und Handlungsfähigkeit in der jeweiligen Umwelt zu gewährleisten, und je komplexer diese Umwelt organisiert ist, desto mehr nimmt die Bedeutung einer nachgeburtlichen Lernphase zu. Beim Menschen vollzieht sich die Entwicklung seines komplexen Gehirns, wie die einschlägige Forschung belegt, nicht nur als ein Reifungsprozess, sondern auch in Abhängigkeit von sozialen (bzw. transaktionalen) Erfahrungen. Ein gutes Beispiel dafür bietet der Spracherwerb: Jedes Kind ist gattungsgeschichtlich dazu befähigt, Sprache zu entwickeln; diese Entwicklung kommt aber nur unter der Voraussetzung zustande, dass das Kind in einer sprachlich geprägten Umwelt aufwächst. Allgemeiner gesagt: In der menschlichen Entwicklung (ansatzweise gilt das für alle Primaten) wirken immer zwei Prozesse zusammen: Prozesse des Erbens (Weitergabe von Genen von Generation zu Generation) und Prozesse des Erwerbens (kulturelle Weitergabe vermittels von Lernprozessen). Deshalb ist es gerechtfertigt, von der „kulturellen Natur“ der menschlichen Entwicklung zu sprechen (Rogoff 2003). Erst intensive und auf Dauer angelegte Lernprozesse machen es möglich, dass, wie beim Menschen, Fähigkeiten und Wissen von Generation zu Generation weitergegeben werden können und im Rahmen dieser Weitergabe auch Neues im Sinne eines „kulturellen Wagenhebereffekts“ (Tomasello 2002, 49 ff.) entstehen kann. Beim Menschen hat die Lebensphase Kindheit demzufolge sowohl einen biologischen als auch einen kulturellen Aspekt: „Ebenso wie sie Gene erben, die sich in der Vergangenheit angepasst haben, erben Individuen auf kulturellem Wege Artefakte und Vorgehensweisen, die die gesammelte Weisheit ihrer Vorfahren beinhalten“ (Tomasello 2010, S. 10).

1.2 Von der biologischen zur kulturellen Evolution: Institutionalisierung der Erziehung

Wenn Kindheit einerseits in biologischer Betrachtung als Ergebnis der biologischen Evolution beschrieben werden kann, so ist andererseits zu fragen, ob sich auch der kulturelle Aspekt der Kindheit in der Perspektive eines evolutionären Prozesses beschreiben lässt. Dies würde bedeuten, die bislang vorgetragene Argumentation weiterzuführen und zuzuspitzen: Kindheit würde damit gekennzeichnet als Ergebnis nicht nur der biologischen, sondern auch der kulturellen Evolution. Damit käme der ursprünglich von Darwin geprägte, biologische Evolutionsbegriff in einem übertragenen Sinn zur Anwendung. Mit dem Begriff der kulturellen Evolution würde man – parallel zum Darwinschen Konzept der biologischen Evolution – die langfristige Entwicklung von Kulturen darauf hin untersuchen, welche durchgängigen Mechanismen, Regelhaftigkeiten und Gesetzmäßigkeiten sich in diesem kulturellen Evolutionsprozess ausmachen lassen; Mechanismen der Variation und Selektion beispielsweise, deren Wirksamkeit Darwin in Prozess der biologischen Evolution entdeckt hat.

In der Tat werden in verschiedenen humanwissenschaftlichen Disziplinen Konzepte der kulturellen Evolution erprobt. So hat der amerikanische Soziologe T. Parsons die Etablierung staatlicher Pflichtschulsysteme als „evolutionäre Universalie" bezeichnet (Parsons 1964/1970). Das hinter dieser These stehende Argument könnte man wie folgt wiedergeben: Pflichtschulsysteme sind soziale Institutionen, die sich im Durchgang durch Variation und Selektion in der Abfolge von Generationen in komplexen Gesellschaften entwickelt, bewährt und erhalten und sodann, im Verlaufe der Zeit, eine immer stärkere, tendenziell weltweite („universale") Verbreitung gefunden haben; und dies aufgrund der Erfahrung, dass Gesellschaften, welche Pflichtschulsysteme eingeführt haben, in ihrer Anpassung an komplexe Umwelten besser abschneiden als Gesellschaften, welche diese soziale Institution nicht geschaffen haben. Ein vergleichbarer Ansatz ist aus der Politikwissenschaft hervorgegangen: Der „Neoinstitutionalismus" untersucht Gesetzmäßigkeiten in der Herausbildung eines „Weltsystems" von Formen der Institutionalisierung in modernen Gesellschaften, und zwar insbesondere an den Beispielen des Nationalstaatsprinzips und der Pflichtschulsysteme (Krücken/Drori 2009). Aufgrund von Vergleichsstudien über die frühen nachgeburtlichen Entwicklungspfade von Menschen- und Schimpansenkindern im Rahmen der „evolutionären Anthropologie" geht Tomasello noch einen Schritt weiter, indem er von einem wechselseitigen Zusammenhang zwischen biologischer und kultureller Evolution ausgeht. Dieser innovative Forschungsansatz führt zu dem Konzept der

„Koevolution von menschlicher Biologie und Kultur" (Tomasello 2010, S. 45). Auch bei Tomasello wird, wie bei den zuvor genannten Ansätzen, die Schaffung sozialer Institutionen als eine Besonderheit der menschlichen Kultur beschrieben; eine Besonderheit, die es gerechtfertigt erscheinen lässt, auch zur Kennzeichnung kultureller Entwicklungsprozesse den Evolutionsbegriff zu verwenden.

Anhand zahlreicher Untersuchungen zur Geschichte der Erziehung und der Kindheit lassen sich Belege für die Fruchtbarkeit des Konzepts der kulturellen Evolution finden. So hat z. B. Aries (1975), die „Entdeckung" und „Verschulung" (*scolarization*) der Kindheit als Begleiterscheinungen der Entwicklung „moderner" Gesellschaften beschrieben. In der Perspektive des Konzepts der kulturellen Evolution kann man die Befunde von Aries wie folgt interpretieren: Durch die Institutionalisierung der Erziehung unterstützt und nutzt der moderne Nationalstaat die allgemeine Lernfähigkeit und Bildsamkeit des menschlichen Nachwuchses mit dem Ziel, gesellschaftlich nützliches Wissen und Können vermittels organisierter Lernprozesse in der Generationenfolge zu bewahren bzw. zu vermehren. Die Institutionalisierung der Erziehung setzt in einer Phase der kulturellen Evolution ein, die durch immer komplexere Formen der Arbeitsteilung in der Gesellschaft sowie durch die Erfindung neuer Medien der Weitergabe von Kultur (z. B. Buchdruck) gekennzeichnet ist (Treml 2000). Die Institutionalisierung der Erziehung befördert die Anpassungsfähigkeit von Gesellschaften an komplexe Umweltbedingungen; diese Erfahrung hat die modernen Nationalstaaten dazu veranlasst, Institutionen der Erziehung zu schaffen.

Die Institutionalisierung der Erziehung in Gestalt von Pflichtschulsystemen hat seit dem Ende des 19. Jahrhunderts in engem Zusammenhang mit Prozessen der Industrialisierung und der Nationalstaatenbildung weltweite Verbreitung gefunden. So konnte beispielsweise Adick (1992) ihre These von der „Universalisierung" der Schule auch am Beispiel westafrikanischer Gesellschaften belegen, die im 19. Jahrhundert – ohne unmittelbaren Druck von Kolonialmächten – Pflichtschulsysteme eingeführt haben.

Die weltweite Institutionalisierung der Erziehung kommt zunächst in der Pflichtschule zum Ausdruck, im bzw. seit dem 20. Jahrhundert betrifft sie auch die vorschulischen Erziehungsinstitutionen, allerdings nur in den hoch entwickelten Gesellschaften (vgl. UNESCO 2007).

Die vor Beginn der Schulpflicht angesiedelte Bildungsstufe trägt unterschiedliche Bezeichnungen. In Deutschland hat sich die 1970 vom Deutschen Bildungsrat in seinem „Strukturplan" vorgeschlagene Bezeichnung *Elementarbereich* durchgesetzt. Die zum Elementarbereich gehörenden Bildungseinrichtungen heißen *Tageseinrichtungen für Kinder*; unter diesen Sammelbegriff werden diejenigen Einrichtungen subsumiert, welche unter 3-jährige Kinder (*Kinderkrippen*), 3–6-jährige Kinder (*Kindergärten*) sowie Kinder in der Altersspanne 0–10 oder 0–12 (*Kinderhäuser*) erfassen.

1.3 Innere Widersprüche der Institutionalisierung der Erziehung: Entdeckung und Kolonialisierung der Kindheit

Die Institutionalisierung der Erziehung hat dazu geführt, dass die nachgeburtliche Lernphase des menschlichen Nachwuchses wesentlich länger andauert als bei den übrigen Primaten. Im Vergleich mit früheren Geschichtsepochen hat sie bewirkt, dass Kinder nicht mehr allein in verwandtschaftlichen und lebensweltlichen Beziehungsnetzen, sondern außerdem in systemischen Strukturen aufwachsen. Die Pflichtschule repräsentiert eine soziale Organisation, die auf Zwangsmitgliedschaft aufbaut und durch das Jahrgangsprinzip, das Leistungsprinzip und unpersönliche Beziehungen gekennzeichnet ist. Das Lernen ist auf diesem Wege gleichsam zur Arbeit der Kinder geworden. Und wie die Arbeit der Erwachsenen rational organisiert wird in Fabriken und Büros, so werden Erziehung und Lernen rational organisiert in Schulen. Um diesen, an die kritische Gesellschaftsanalyse von Coleman (1986) anschließenden Gedankengang noch um einen Aspekt zu erweitern: Wie die Kinder in der Arbeitswelt der Erwachsenen nichts verloren haben, haben die Erwachsenen nichts verloren in der Arbeits- sprich: Lernwelt der Kinder, es sei denn sie sind berufliche Erzieher/innen. In dieser Sichtweise hat die lebensalterbezogene Institutionalisierung der Erziehung zur Folge, dass es in der Gesellschaft zu einer Trennung zwischen den Generationen kommt; die einzige Ausnahme von dieser „asymmetrischen“ Struktur der Gesellschaft (Coleman 1986) bildet die Familie, denn sie repräsentiert kein unpersönliches, sondern ein personorientiertes soziales System und führt ihr Leben in einem Generationenverbund (vgl. Kapitel 4.4).

Auch wenn man die hier referierte Sichtweise nicht teilt, machen die damit zusammenhängenden Überlegungen doch deutlich: Die Institutionalisierung der Erziehung sowie die untrennbar damit verbundene Professionalisierung sind zu zentralen Themen der Pädagogik der frühen Kindheit geworden. Und außerdem haben diese Überlegungen etwas bestätigt, was jedem klar ist, der darüber nachgedacht hat, wie er erzogen worden ist und welche Erfahrungen er mit der Erziehung seiner Kinder oder auch mit seiner akademischen Lehrtätigkeit gemacht hat: Die Erziehung und die Formen ihrer Institutionalisierung sind kein eindeutiges und eindeutig bewertbares, sondern ein mehrdeutiges und in sich widerspruchsvolles Phänomen. Dies hat sich bereits an dem Hinweis darauf gezeigt, dass das Pflichtschulsystem davon ausgeht, dass die Kinder in einer bestimmten Lebensphase zur Mitgliedschaft gezwungen sind. Niemand wird bestreiten, dass der (pädagogische) „Sinn“ der Pflichtschule wohl kaum in ihrem Zwangscharakter aufgesucht werden kann. Die Aufklärungspädagogen haben die allgemeine Schulpflicht gefordert in der Erwartung, die schulisch organisierte Erziehung könne dazu beitragen, dass alle Kinder zum Gebrauch der – in ihnen als Potentiale angelegten – Vernunft und Freiheit gelangen. Der Widerspruch zwischen diesen Zielen und dem Zwangscharakter der Pflichtschule begründet, wie die Aufklärungspädagogen wussten, das zentrale Dilemma oder Paradox der Erziehung. Kant hat es in die Frage gekleidet: „Wie kultiviere ich die Freiheit bei dem Zwange?“.

Die Frage danach, wie die Institutionalisierung der Erziehung zu bewerten sei, kann, wie die vorausgegangenen Überlegungen gezeigt haben, nicht allgemein und abstrakt, sondern nur mit Bezug auf bestimmte Kriterien beantwortet werden. So erscheint einerseits – am Beispiel der Frühpädagogik illustriert – die Institutionalisierung der Erziehung dann, wenn sie den lebensgeschichtlichen Kontext für „spielendes Lernen“ bildet (Largo/Benz 2003, Samuelsson 2004), unter dem Kriterium der optimalen Anpassungsfähigkeit des menschlichen Nachwuchses an komplexe und sich verändernde Umwelten als wichtiges Ergebnis der bio-kulturellen Evolution (vgl. Papousek 2003).

Andererseits illustriert das Beispiel der historischen Kindheitsforschung, dass auch empirische Untersuchungen je nach den gewählten Kriterien zu unterschiedlichen oder sogar gegensätzlichen Bewertungen der untersuchten Wandlungsprozesse gelangen können: Während de Mause (1977) den Wandel der Kindheit als Fortschrittsgeschichte beschreibt, die von einer willkürlichen Behandlung (einschließlich Kindestötung) zu einer immer stärkeren Berücksichtigung von und Einfühlung in die besonderen Bedürfnisse, Interessen und Rechte der Kinder verläuft (zu diesen zählt auch das Recht auf Bildung), beschreibt Aries (1975) eine Zerfallsgeschichte der Kindheit, die von der ursprünglichen Einbindung der Kinder in die Gemeinschaft der Erwachsenen zur Trennung zwischen der Welt der Kindheit und der Erwachsenenwelt geführt hat (vgl. Behnken 2006).

Angesichts der aufgezeigten Bewertungsunterschiede liegt es nahe, die Institutionalisierung der Erziehung als ein Phänomen zu betrachten, in welchem eine innere Widersprüchlichkeit der kulturellen Evolution zur Wirkung gelangt. Dies würde bedeuten, von der Annahme auszugehen, dass in der Institutionalisierung von Erziehung – ähnlich wie in allen Bildungsprozessen (vgl. Heydorn 1989) – eine unauflösbare Bipolarität zwischen Potentialen der Befreiung und Potentialen der Beherrschung und Unterdrückung strukturell angelegt ist.

Von „Kolonialisierung“ der Kindheit könnte man beispielsweise dann sprechen, wenn Kinder und Kindheiten für Zwecke des Staates oder gesellschaftlicher Interessengruppen instrumentalisiert werden; dann zum Beispiel, wenn sie im gesellschaftlichen Diskurs nur noch in der Perspektive des künftigen „Humankapitals“ der Gesellschaft behandelt werden, oder dann, wenn im Zeichen der „Kommodifizierung“ der Kindheit über Kinder primär als Kunden, Konsumenten und künftige Arbeitskräfte öffentlich geredet wird; oder auch dann, wenn im pädagogischen Beziehungsgeschehen in der frühen Kindheit das „spielende Lernen“ (s. Abschnitt 2.4) durch formalisierte und erwachsenenzentrierte Formen des Lehrens und Lernens verdrängt oder ersetzt werden. Ein letztes Beispiel: Die Jahrestagung 2007 der Sektion Kindheit in der Deutschen Gesellschaft für Soziologie war dem Thema „Staat, Experten, Privatheit – Kindheit zwischen Fürsorge und Zugriff“ gewidmet; zum Aspekt „Zugriff“, welcher der hier gewählten Kategorie der „Kolonialisierung“ nahe kommt, werden beispielsweise „Bemühungen zur Mehrung von Humankapital wie auch zur Sozialdisziplinierung“ genannt (Deutsches Jugendinstitut 2007, S. 3).

1.4 Innere Widersprüche der Erziehungs- und Betreuungspolitik: Investitionen in das künftige Humanvermögen und/oder Durchsetzung der Rechte der jeweils gegenwärtig lebenden Kinder

Der Ausbau und die qualitative Verbesserung der frühpädagogischen Angebote (insbesondere Tageseinrichtungen für Kinder) sind in Deutschland und weltweit in den letzten Jahrzehnten zu einem Schwerpunkt der (staatlichen) Sozial- und Bildungspolitik erklärt und gemacht worden. Dabei richten sich die Erwartungen einerseits darauf, dass frühpädagogische Einrichtungen Aufgaben der *Betreuung* der noch nicht schulpflichtigen Kinder übernehmen und es auf diesem Wege den Eltern erleichtern, sich für ein Leben mit Kindern zu entscheiden und eine befriedigende Balance zwischen Familientätigkeit und Erwerbstätigkeit zu finden (s. auch Kapitel 3.4). Andererseits richten sich die Erwartungen darauf, dass frühpädagogische Einrichtungen Aufgaben der *Bildung* wahrnehmen und allen Kindern in der Lebensphase der intensivsten Lernprozesse angemessene Unterstützung und Anregung zukommen lassen. In allen hoch entwickelten Ländern sind die frühpädagogischen Einrichtungen zur ersten Stufe des öffentlichen Bildungssystems ausgebaut worden. Auf dieser vor dem Beginn der Schulpflicht angesiedelten Bildungsstufe sind immer wieder Förderprogramme (z. B. das *Head Start*-Projekt in den USA und das *Sure start*-Programm in Großbritannien) unter der Zielsetzung aufgelegt worden, die Benachteiligung von Kindern aufzuheben oder wenigstens abzuschwächen, die in Familien aufwachsen, die von wirtschaftlicher und Bildungsarmut geprägt sind. Eine in diesem Sinne „kompensatorische“ Erziehung und Förderung kann, wie die einschlägige Forschung zeigt, ansatzweise Erfolg haben, allerdings nur dann, wenn entwicklungsgemäße Förderprogramme nicht auf die frühpädagogischen Einrichtungen beschränkt bleiben, sondern auf den darauffolgenden Stufen des Bildungssystems eine angemessene Fortsetzung finden, und wenn die Programme/Projekte nicht nur die Kinder, sondern auch deren Eltern einbeziehen und zur Verbesserung der Lebensverhältnisse und des Anregungsmilieus der Familien beitragen (vgl. z. B. Bronfenbrenner 1987; Chazan-Cohen 2007).

Wenn den frühpädagogischen Einrichtungen ein hervorgehobener Stellenwert innerhalb der staatlichen Bildungspolitik zugeschrieben wird, so lassen sich für eine solche Prioritätensetzung unterschiedliche Argumente zur öffentlichen Rechtfertigung der dafür notwendigen Investitionen nachweisen. Dabei treten insbesondere zwei Argumentationsmuster hervor (vgl. Shonkoff/Philipps 2000, S. 3):

- Das eine ist im Wesentlichen zukunftsorientiert in dem Sinne, dass die Interessen, Belange und Bedarfe der Gesellschaft bzw. Nation betont werden; der Ausbau frühpädagogischer Einrichtungen wird zur unabdingbaren Voraussetzung für die Sicherung des Humankapitals, den Fortbestand der demokratischen Institutionen und die internationale Wettbewerbsfähigkeit erklärt. Dieses Argumentationsmuster bestimmt beispielsweise zahlreiche Dokumente der OECD, so etwa die beiden unter dem Titel „Starting strong" veröffentlichten Berichte über die Systeme der frühen Erziehung und Betreuung in ausgewählten Ländern der Europäischen Union (vgl. OECD 2001 und 2005).
- Das andere Argumentationsmuster ist im Wesentlichen gegenwartsorientiert in dem Sinne, dass die Bedürfnisse und Rechte sowie das Wohlbefinden der gegenwärtig lebenden Kinder betont werden; der Ausbau frühpädagogischer Einrichtungen wird in dieser Perspektive als Ausdruck der Anerkennung der ethischen und moralischen Wertgrundlagen der Gesellschaft betrachtet. Zu diesen werden auch der Schutz und die Sicherstellung der Gesundheit und des Wohlbefindens aller Kinder gerechnet, und zwar als eine wesentliche Zielsetzung, die aus sich selbst heraus gerechtfertigt bzw. gefordert ist, unabhängig davon, ob sich aus der Verfolgung dieser Ziele – hier durch den Ausbau frühpädagogischer Einrichtungen – in der Zukunft messbare Erträge nachweisen lassen. Dieses Argumentationsmuster prägt beispielsweise die UN-Konvention über die Rechte des Kindes.

Wenn man die geschichtliche Dynamik im Prozess der Entwicklung frühpädagogischer Einrichtungen international vergleichend analysiert, lässt sich zeigen, dass Phasen der Expansion insbesondere dann zu beobachten sind, wenn die beiden genannten Argumentationsmuster – unbeschadet ihrer Gegensätzlichkeit – miteinander verbunden werden.

1.5 Innere Widersprüche der Erziehung: Die Kindheitspädagogin als Advokatin der Kinderrechte und als Repräsentantin von Kultur und Gesellschaft

Die Gegenüberstellung unterschiedlicher Aufgaben bzw. Rollen der Kindheitspädagogin, wie sie in der Überschrift dieses Abschnitts vorgenommen wird, mag zunächst einmal merkwürdig oder auch fragwürdig erscheinen.

Die dadurch ausgelöste Befremdung nimmt ab, wenn man sich darauf einigen kann, dass Erziehung – in ähnlicher Art und Weise wie das Konstrukt der pädagogischen Qualität (s. Katz 1996) – als ein mehrperspektivisches Phänomen zu betrachten ist. Damit ist gemeint: Das Lebenslauf begleitende Beziehungsgeschehen, welches wir „Erziehung" nennen, wird unterschiedlich wahrgenommen und interpretiert, je nachdem, aus welcher Perspektive dies geschieht, aus der Perspektive der Kinder, der Eltern, des Trägers der Einrichtung, der Ortsgemeinde oder aus der Perspektive des Staates (auch dieser kann Träger sein) bzw. staatlicher Instanzen.

Die verschiedenen Perspektiven können – in Abhängigkeit von historisch-gesellschaftlichen und kulturellen Kontextbedingungen sowie von individuellen Einstellungen/Präferenzen – in einem harmonischen, komplementären oder konflikthaften Verhältnis zu einander stehen.

Es ist davon auszugehen, dass es zu den professionellen Aufgaben der Kindheitspädagoginnen gehört, sich in ihrem Handeln nicht an einer einzigen Perspektive, sondern an einer – möglichst konsensfähigen

Verbindung mehrerer Perspektiven (z. B. der Kinder, der Eltern und des Trägers) – zu orientieren.

Um mit dem konflikthaften Verhältnis zu beginnen, das in der Überschrift angedeutet ist: Ein Konflikt zwischen Kinderrechten und staatlichen Interessen spielt in demokratischen Staaten, die sich selber auf die Wahrung der allgemeinen Menschenrechte und der Rechte der Kinder verpflichtet haben, im Allgemeinen keine wesentliche Rolle. Wenn wir aber an Staaten in Geschichte und Gegenwart denken, in welchen Erziehung als ein Mittel der politisch-ideologischen Indoktrination eingesetzt wurde und wird, zeigt sich sehr wohl, dass die professionellen Erzieherinnen in eine Konfliktsituation hineingestellt wurden/werden, die ihnen eine – immer wieder neu zu treffende Entscheidung darüber abverlangt, wie sie beispielsweise mit der Zumutung umgehen, die Kinder zum Juden- oder anderem Rassenhass, zum Militarismus oder zu Feindbildern aller Art zu erziehen. Auf dem Hintergrund des Gesagten wird verständlich, dass die angedeuteten Rollenkonflikte von Fachkräften vor allem in der vergleichenden, auf Osteuropa und die DDR bezogenen (früh-)pädagogischen Forschung zum Thema gemacht worden sind (Liegle 1990). Andererseits ist nicht von der Hand zu weisen, dass, wie Aloys Fischer 1921 bemerkt hat, im Rahmen der Verberuflichung der Erziehung ganz allgemein ein Spannungsverhältnis entsteht zwischen dem berufsständischen Ethos – der Verpflichtung auf die Belange der „Adressaten", d. h. der Kinder und Jugendlichen – und der professionellen, öffentlichen Erziehung als einer „Funktion der staatlich geformten Gesellschaft" (zit. in a. a. O. 1990, S. 12). Und so gehört es denn auch zu den inneren Widersprüchen der kulturellen Evolution, dass organisierte Erziehung gleichermaßen geistige Befreiung leisten und staatliche Herrschaft legitimieren und stabilisieren kann (Heydorn 1989). Mit der Verberuflichung der Erziehung wird diese Dialektik gesteigert, weil die Ausbildungsgänge und die Zulassung zum Beruf vom Staat reguliert werden.

Nach dem konflikthaften sei noch auf ein komplementäres Verhältnis unterschiedlicher Perspektiven hingewiesen, das mit der Gegenüberstellung im Titel dieses Abschnitts ebenfalls angesprochen ist: Erziehung wird es immer mit der spannungsreichen Verbindung von individuellen und gesellschaftlichen Zielen zu tun haben – der Verbindung des individuellen Ziels, welches wir unter dem Stichwort „Entwicklung als Ziel der Erziehung" (siehe 2.1) erörtern werden, mit dem gesellschaftlichen Ziel, welches wir als Transmission von Gütern, Wissen und Werten in der Abfolge der Generationen beschrieben haben.

1.6 Eine These: Mit Fröbels pädagogischer Theorie und Programmatik und mit dem Kindergarten setzt weltweit die Kinderrechtsbewegung ein

Seit 1996 hat in Deutschland jedes Kind das Recht auf einen Kindergartenplatz.

Dass die diesbezügliche Gesetzesinitiative seinerzeit in und von der Öffentlichkeit nicht als das wahrgenommen und erörtert wurde, was sie tatsächlich war – eine kleine Revolution der staatlichen Erziehungspolitik in Deutschland –, hängt vielleicht unter anderem damit zusammen, dass die ursprüngliche Beschlussfassung des Deutschen Bundestages zum Rechtsanspruch nicht auf die staatliche Regulierung von Erziehung und Bildung – dafür hat der Bund keine Gesetzgebungskompetenz –, sondern auf den Schutz des ungeborenen Lebens gemäß Paragraph 218 BGB bezogen war.

Wie radikal die politische Wende im Hinblick auf die gesetzlichen Festlegung des Rechtsanspruchs auf einen Kindergartenplatz seinerzeit gewesen ist, wird deutlich, wenn man bedenkt, dass nur etwa 30 Jahre zuvor ein erbitterter (partei-)politischer Streit über den Ausbau familienergänzender Betreuungsangebote für Kinder in den ersten Lebensjahren ausgetragen wurde, ein Streit, der sich noch nicht einmal an institutionellen Angeboten, sondern an der Familientagespflege („Tagesmütter"-Projekt) entzündete. In den 1960er und 1970er Jahren hat es trotz Studentenbewegung meines Wissens keine öffentlichen Stimmen gegeben, welche den Rechtsanspruch eingefordert oder prognostiziert hätten.

Noch deutlicher wird die Kehrtwende in der staatlichen Erziehungspolitik, wenn man einige Jahrzehnte weiter zurückgeht, in die Zeit vor und nach dem Ersten Weltkrieg.

Auf der Reichsschulkonferenz von 1920 hat sich nur eine Minderheit (Linksparteien) für einen allgemeinen, dem Bildungssystem zugeordneten Kindergarten eingesetzt. Die Mehrheitsbeschlüsse haben dazu geführt, dass die Kindergärten dem System der Jugendwohlfahrt (das Reichsjugendwohlfahrtsgesetz wurde 1924 erlassen) bzw. der Jugendhilfe (seit 1961) oder Kinder- und Jugendhilfe (seit 1990) zugeordnet wurden.

Auf dem Fürsorgetag 1931 hat Gertrud Bäumer, Ministerialrätin im preußischen Sozialministerium und Vertreterin der oben genannten Minderheitsposition, gefordert, die Jugendwohlfahrt – zum Beispiel der Kindergarten – dürfe nicht als Nothilfemaßnahme (miss)verstanden werden, sondern als eine „das Jugendleben erweiternde und stützende gesellschaftliche Mehrleistung". Diesen Gedanken hat sie in ein einprägsames Bild gekleidet: „Es ist doch so: Wenn Sie heute Straßenbeleuchtung einführen, statt dass jeder mit seiner privaten Laterne nachts auf der Straße geht, so ist das doch nicht eine Folge des Versagens der privaten Laternenbesitzer" (Bäumer 1931).

Vor dem Hintergrund dieses kurzen Rückblicks auf Stationen des 20. Jahrhunderts lässt sich ermessen, wie umwälzend Fröbels Vision eines allgemeinen Kindergartens – als erste Stufe des deutschen Bildungswesens und „Vermittlungs"instanz zwischen Familienerziehung und Schulunterricht – sowie die Umsetzung dieser Vision durch Gründung von Kindergärten (1840 wurde in Bad Blankenburg der erste Kindergarten eröffnet) und Ausbildungsstätten für Erzieherinnen in seiner Zeit gewesen und öffentlich wahrgenommen worden ist.

Indem Fröbel im Kindergarten den angemessenen Ausdruck der „Beachtung" und „Pflege" der Kindheit von Seiten der Gesellschaft und des Staates erblickt und den Besuch des Kindergartens für alle Kinder ohne Geschlechter-, Religions- oder Schichtgrenzen vorgesehen hat, ist er zum Vater der Idee eines pädagogisch und sozialpolitisch begründeten Anspruchs jedes Kindes auf familienergänzende und -unterstützende Erziehung, Betreuung und Bildung geworden.

Die weitergehende These, mit Fröbel und seinem Kindergartenmodell setze weltweit die Kinderrechtsbewegung ein, erscheint, auch wenn man die vorgebrachten Argumente berücksichtigt, auf den ersten Blick allzu hoch gegriffen. Üblicherweise werden die Anfänge der Kinderrechtsbewegung mit der *children's charter* von Eglantyne Jebb und deren Verabschiedung durch die Vollversammlung des Völkerbunds im Jahre 1923 („Genfer Erklärung") in Verbindung gebracht.

In der weiteren Entwicklung – bis hin zur 1989 verabschiedeten UN-Konvention über die Rechte des Kindes – sind Kinderrechte immer unter zwei Perspektiven betrachtet und gefordert worden:

- zum einen sollten für jedes Kind die allgemeinen Menschenrechte gelten; damit sind beispielsweise das Recht auf die Unverletzlichkeit der Person sowie das Recht auf Meinungs-, Religions- und Informationsfreiheit gemeint;
- zum anderen sollten für jedes Kind spezifische, auf die Lebensphase Kindheit bezogene Rechte gelten. Bei diesen kann man unterscheiden zwischen Schutzrechten, z. B. das Recht auf Schutz vor Trennung von den Eltern gegen den Willen des Kindes (insofern dies nicht dem Schutz des Kindeswohls entgegensteht), Förderrechten (z. B. Recht auf Bildung) und Beteiligungsrechten (z. B. Recht auf Mitsprache in allen das Kind betreffenden Verfahren) wie etwa der Regelung des Sorgerechts für geschiedene Eltern.

Wenn man auf diesem Hintergrund nach der Bedeutung Fröbels fragt, so lässt sich sagen, dass er insbesondere mit Blick auf die Förderrechte des Kindes als Wegbereiter der Kinderrechtsbewegung gelten kann. Ein „empirischer" Beleg für diese These findet sich in der Wirkungsgeschichte von Fröbels Denken und Wirken: Die weltweit erste Buchveröffentlichung über Kinderrechte stammt aus der Feder einer Fröbelianerin. Kate Douglas Wiggin (1856–1923) hat 1878 in einem als sozialer Brennpunkt geltenden Vorort von San Francisco einen Fröbel-Kindergarten gegründet (vgl. Surall 2005). Ihr Buch über Kinderrechte (Wiggin 1892) stützt sich weithin auf Fröbels Ideen und seine didaktischen Materialien (Spielgaben), setzt aber auch einen eigenen Akzent, indem Wiggin den Beitrag des Kindergartens zur Sozialreform herausarbeitet; diesen sieht sie vor allem in der präventiven Wirkung des Kindergartenbesuchs (weniger Armut, Verwahrlosung und Kriminalität und dadurch weniger Staatskosten). Kate Wiggin sowie ihre Kindergartengründung und ihre Publikationen stehen für die Wirkung der internationalen Fröbelbewegung, die im 19. Jahrhundert eingesetzt hat und bis in die Gegenwart anhält – in einigen Ländern wie England, USA und Japan stärker als im Herkunftsland Fröbels. In diesem Zusammenhang ist bemerkenswert, dass die

1886 erschienene Schrift über „Kindergarten principles and practice“ (Wiggin 1886) im Jahre 2009 in einem Reprint veröffentlicht worden ist.

Die weltweiten frühpädagogischen Bewegungen – nach Fröbel sind hier die Montessori- und die Reggio-Pädagogik zu nennen – üben ihren Einfluss eher in der Sphäre der Profession und weniger in der Sphäre der Wissenschaftsdisziplin der Frühpädagogik aus.

1.7 Kindheitsgestalten – historisch-gesellschaftliche und kulturelle Vielfalt

Kindheit lässt sich, wie wir gesehen haben, als Ergebnis der Koevolution von menschlicher Biologie und Kultur verstehen. Wenn wir die menschliche Biologie in den Blick nehmen, treten die universalen Gemeinsamkeiten der Kinder und Kindheiten in den Vordergrund. Wenn wir hingegen die Kultur in den Blick nehmen, stoßen wir auf eine kaum überschaubare Vielfalt von je spezifisch geprägten Kindheiten.

Kindheit – so hat es Siegfried Bernfeld (1925/1967) formuliert – verläuft in einer Erwachsenengesellschaft. Die Strukturmerkmale einer Gesellschaft (z. B. Produktionsweise und Arbeitsteilung, Sozialstruktur, Haushaltsformen und Bevölkerungsaufbau) sowie Kultur, politische Verfassung und Lebensformen stellen die Kontextbedingungen für das Aufwachsen der Kinder dar, für ihre Sozialisation, Erziehung und Bildung. Jede Gesellschaft entwickelt bestimmte Vorstellungen über Kinder und deren „richtige“ Erziehung und ergreift auf der Grundlage dieser Vorstellungen bestimmte Maßnahmen für Kinder; dazu gehören Gesundheitsfürsorge und Formen des Kinderschutzes (z. B. Verbot von Kinderarbeit) oder auch eigens für Kinder und ihre Erziehung geschaffene Institutionen (s. 1.2), wie z. B. Schulen oder auch vorschulische Betreuungs- und Bildungseinrichtungen (Bewahranstalten, Kleinkinderschulen, Kindergärten). Die wichtigsten Aufgaben, die diesen Institutionen zugeschrieben werden, liegen darin, das Überleben der Gesellschaft sowie die Transmission der gesellschaftlichen/kulturellen Güter, Wissensbestände und Werte in der Abfolge der Generationen sicherzustellen (s. 1.2).

Die biologische Tatsache, dass alle Menschen eine Kindheit durchlaufen, und die soziale Tatsache, dass Kindheit in einer Erwachsenengesellschaft verläuft und diese bestimmte Vorkehrungen zur Gewährleistung einer wünschenswerten Erziehung und Entwicklung der Kinder trifft, begründen in ihrer spannungsreichen Verbindung den Gegenstand der Frühpädagogik.

In den Sozial- und Verhaltenswissenschaften sind seit den 70er Jahren des letzten Jahrhunderts (z. B. Brim 1975) Indikatoren der Kindheit entwickelt worden. Mit ihrer Hilfe soll die Lebenssituation von Kindern empirisch erfasst, im Hinblick auf konsensfähige Normen (z. B. „Kindeswohl") bewertet und gegebenenfalls eine Politik für Kinder begründet werden.

Auf der Grundlage solcher Indikatoren ist auf nationaler wie auf internationaler Ebene eine Sozialberichterstattung über Kinder entstanden. Auf internationaler Ebene sind in diesem Zusammengang vor allem die jährlichen Berichte der UNICEF „Zur Situation der Kinder in der Welt" zu erwähnen. Sie zeichnen ein erschreckendes Bild des Nord-Südgefälles zwischen den Gesellschaften Europas und Nordamerikas auf der einen und den Ländern der sog. Dritten Welt auf der anderen Seite.

Die drei folgenden Tabellen können dies illustrieren:

Tabelle 1: Demografische Indikatoren

	Industriestaaten	**Entwicklungsländer**	**Am wenigsten entw. Länder**
Säuglingssterblichkeitsrate 2009 (auf je Tsd.)	5	47	78
Jährliche Anzahl der Geburten 2009 (in Tsd.)	11 221	122 921	28 641
Jährliche Anzahl der Sterbefälle (unter 5 Jahre) 2009 in Tsd.	66	7988	3330
Lebenserwartung zum Zeitpunkt der Geburt 2009	80	67	57

(Quelle: UNICEF 2011, S. 152 f.)

Tabelle 2: Indikatoren der Ernährung und Gesundheit

	Industrie-staaten	**Entwick-lungs-länder**	**Am wenigs-ten entw. Länder**
Unterernährung/Untergewicht bei 0–5-Jährigen 2003–2009 in %	–	26	33
Zugang zu sauberem Trinkwasser 2008 (Stadt/Land) in %	100/98	94/76	80/54
Zugang zu Sanitäreinrichtungen (Stadt/Land) 2008 in %	100/98	68/40	50/31

(Quelle: UNICEF 2011, S. 162 und 172)

Tabelle 3: Indikatoren der Bildung und Wirtschaft

	Industrie-staaten	**Entwick-lungs-länder**	**Am wenigs-ten entw. Länder**
Alphabetisierungsrate (15–24 J.) 2004–2008 (männl./weibl.) in %	–/–	91/84	76/67
Einschulungsrate 2005–2009 (männl./weibl.) in %	95/95	90/87	85/81
Bruttosozialprodukt 2009 pro Einwohner in UN-$	40463	2988	638

(Quelle: UNICEF 2011, S. 192f. und 212)

Die voraufgehenden Tabellen zeigen: Jährlich sterben in den Entwicklungsländern und den am wenigsten entwickelten Ländern mehr als 10 Millionen Kinder, bevor sie ihr fünftes Lebensjahr vollenden konnten. Diese Kinder werden, so könnte man sagen, ihrer Kindheit beraubt. In den Entwicklungsländern und den am wenigsten entwickelten Ländern gehen die weltweit höchste Säuglings- und Kindersterblichkeit einher mit dem geringsten Zugang zu Sanitäranlagen und sauberem Wasser und mit dem geringsten Zugang zu Bildungsinstitutionen. Innerhalb dieses Spektrums von negativen Werten in allen erhobenen

Indikatoren gibt es außerdem noch ein Gefälle von städtischen zu ländlichen Regionen sowie von Jungen zu Mädchen. Die Industrieländer hingegen weisen hinsichtlich der Lebenssituation von Kindern in allen Indikatoren vergleichsweise außerordentlich günstige Werte auf.

Die Lebenssituation der Kinder in Deutschland wird regelmäßig in den Kinder- und Jugendberichten dargestellt und auf der Grundlage bestimmter Indikatoren analysiert. Diese Berichte werden einmal in jeder Legislaturperiode von der Bundesregierung in Auftrag gegeben, von einer wissenschaftlichen Kommission erarbeitet und dem Bundestag vorgelegt. Der Zwölfte Kinder- und Jugendbericht (2005) hat als einen seiner besonderen Schwerpunkte die „Bildung vor der Schule" behandelt (vgl. dazu Ahnert u. a. 2005).

Neben den genannten nationalen Berichten sind in den letzten Jahren einige auf Deutschland bezogene Berichte internationaler Organisationen vorgelegt worden: die Kinderberichte 2007 und 2010 der Hilfsorganisation WORLD VISION (Hurrelmann/Andresen 2007 und 2010) sowie der UNICEF-Bericht zur Lage der Kinder in Deutschland (Bertram 2008).

Einige Beispiele sollen Befunde dieser Berichte illustrieren. Dabei ist zu berücksichtigen, dass diese Berichte einen anderen Ansatz verfolgen als die jährlichen UNICEF-Berichte über die Situation der Kinder in der Welt; sie untersuchen nicht die „Lebenssituation" im Allgemeinen, sondern das „Wohlbefinden" der Kinder; dies bedeutet, dass die Indikatoren auch in der Perspektive ihrer Bewertung durch die befragten Kinder erfasst werden („subjektives Wohlbefinden"). Die folgenden Punkte können die Befunde der Berichte illustrieren:

- zunehmende sozial-ökonomische Ungleichheit; für diejenigen Kinder, die in (relativer) Armut aufwachsen, bringt dies eine erhebliche Einschränkung ihres subjektiven Wohlbefindens mit sich; außerdem schlagen sich ökonomische und Bildungsarmut – beide gehen in der Regel Hand in Hand – in niedrigeren Schulabschlüssen nieder;
- Medienkindheit: Immer mehr Kinder verfügen über ein Handy, einen PC etc. oder haben Zugang zu diesen interaktiven Medien; die Medien bieten ihnen Selbständigkeit und Freiheit in der Beschaffung von Informationen und für die Gestaltung ihrer Freizeit; sie bergen aber auch Risiken, die beispielsweise in Formen der Abhängigkeit (Computerspiele oder Mobbing) liegen können; der Medienkonsum

kann neue Formen von gemeinsamen Freizeitaktivitäten mit Gleichaltrigen ermöglichen, er führt aber auch zu häufigen Konflikten mit den Eltern;

- Separierung der sozialen Welten der Kindheit: Kinder erleben Familie, Gleichaltrigengruppen und Bildungsinstitutionen als je für sich bestehende und wenig miteinander sowie mit dem Gemeinwesen vernetzte soziale Kontexte; manche Kinder bewerten diese „Verinselung“ als Chance für eine flexible und selbständige Lebensgestaltung, andere erfahren darin Verunsicherung und Orientierungslosigkeit.

1.8 Vom anthropologischen Dual (Anlage – Umwelt) zur anthropologischen Trias: Kinder als „Werk“ der Natur, der Gesellschaft und ihrer selbst

Solange über den Menschen, seine „Natur“ und Entwicklung systematisch nachgedacht worden ist – und das ist spätestens seit der griechischen Antike der Fall –, gibt es die Vorstellung vom Dualismus bzw. von der spannungsreichen Einheit von Anlagen und Umwelt, Natur und Kultur. In Platons Werk über den Staat, verfasst um 370 v. Chr., steht der Satz:

> „Wir dürfen also behaupten, Adeimentos, sagte ich, daß auch die Seelen, die am besten veranlagt sind, besonders schlecht werden, wenn sie eine schlechte Erziehung bekommen?“ (Plato, Politeia VI, 491)

Für die im Zeitalter der Aufklärungszeit der Mitte des 18. Jahrhunderts sich entwickelnde Pädagogik als Wissenschaft bzw. „Kunstlehre“ ist kennzeichnend, dass die Vorstellung von natürlichen Anlagen im Rahmen der anthropologischen Postulate der „Bildsamkeit“ und „Lernfähigkeit“ verortet wurde und das christliche Menschenbild zunehmend überlagert und abgelöst wurde von säkularisierten bzw. wissenschaftlichen (psychologischen und biologischen) Formen des Wissens.

Bereits in der 1. Auflage der bis heute umfangreichsten und nach wie vor lesenswerten Enzyklopädie der Pädagogik (Rein 1895 ff.) lassen sich die Anfänge einer Auseinandersetzung nicht nur mit dem Problem der Anlagen, sondern auch mit der Evolutionstheorie beobachten. In der 2. Auflage (Rein 1903 ff.) resümiert der einschlägige Artikel mit der Überschrift „Die Vererbung geistiger Eigenschaften" die Schriften von Darwin und Haeckel, erörtert die Wechselwirkungszusammenhänge zwischen Vererbung und „Erwerb" von Fähigkeiten und Eigenschaften und mündet in Überlegungen zur Relevanz biologischer Forschungsbefunde für die pädagogische Praxis (Martinak 1903, S. 386):

> „Es ist ja gewiß richtig, daß wenn alle Fragen einmal durch die Naturforschung gelöst sein werden, dann deren Ergebnisse schlechtweg souverän in gewissen Zweifeln des praktischen Vorgehens entscheiden werden; bis aber dieser Zeitpunkt eintritt, bis erzieherische Maßnahmen aus Naturgesetzen werden deduziert werden können, wird sorgfältige Ausnützung der rohen ‚Empirie' einerseits und verfeinerte, geschärfte Ausbildung erzieherischen Taktes immer noch die Hauptsache."

Die zweite Auflage der Reinschen Enzyklopädie enthält außerdem zwei groß angelegte Artikel über „Christentum und Entwicklungsgedanke" (Reischle 1903) sowie über „Gesamtentwicklung und Einzelentwicklung" (Capesius 1903). Sie markieren die Anfänge einer ernsthaften und differenzierten Prüfung der Fruchtbarkeit der Darwinschen Evolutionstheorie für das pädagogische Denken und Handeln.

In dem zuletzt genannten Artikel wird die Evolutionstheorie ausführlich rezipiert und positiv gewürdigt; dies gilt für Darwins Abstammungslehre ebenso wie für Haeckels „biogenetisches Grundgesetz". Die Befunde der biologischen Forschung einschließlich der zeitgenössischen Hirnforschung werden als wichtige Bezugspunkte des pädagogischen Denkens und Handelns gewertet, gleichzeitig jedoch durch den Hinweis auf deren begrenzte praktische Bedeutung für die Anregung von Lernprozessen relativiert:

> „Dass diese Entwicklung aber dann doch in der Hauptsache als selbsttätiger Erwerb erfolgen muß, ist physiologisch gekennzeichnet durch die bei dem Neugeborenen noch mangelnde Ausbildung der höheren Gehirnzentren und -bahnen, an welche alles eigentliche Geistesleben geknüpft erscheint." (Capesius 1903, S. 427)

Die Entwicklung des Individuums wird hier „in doppelter Weise" bestimmt: als Ergebnis allgemeiner Entwicklungsgesetze und als „Assimilation an die umgebende Kulturgemeinschaft" (ebd.). Der Versuch, diese beiden Bestimmungsfaktoren „an die rechte Übereinstimmung miteinander zu bringen", gilt als „das eigentliche Thema und Problem der Erziehung" (ebd.). Und offensichtlich hat der Autor die Vorstellung, Erziehung müsse bei diesem Versuch an die Selbsttätigkeit des Individuums, an den „selbsttätigen Erwerb" (s. das obige Zitat) anschließen. Damit wird – meines Wissens erstmals in der Geschichte der Pädagogik – das Konzept der „Selbsttätigkeit" nicht mehr allein pädagogisch oder ethisch (vgl. Wolff 1921), sondern in einer biowissenschaftlichen Begrifflichkeit begründet.

Die Überzeugung, die menschliche Entwicklung werde „in doppelter Weise" – von biologischen ebenso wie von kulturellen Faktoren – bestimmt, stellt bis heute einen Grundbestand humanwissenschaftlichen Denkens und Forschens dar. Handbücher der Entwicklungspsychologie enthalten in aller Regel einen auf biologische Grundlagen und einen auf kulturelle Kontextbedingungen bezogenen Teil (z.B. Oerter/Montada 2008, Keller 2003). In dem Kompendium der Nationalakademien in USA wird diese Überzeugung von der „doppelten" Bestimmung der menschlichen Entwicklung, die ich „anthropologischen Dual" nenne, wie folgt zusammengefasst:

> 1. „human development is shaped by a dynamic and continuous *interaction between biology and experience*
> 2. *culture* influences every aspect of human development and is reflected in child rearing beliefs and practices designed to promote healthy adaptation" (Shonkoff/Philipps 2000, S. 3).

Nach vielen Jahrzehnten der Reflexion und Erforschung der Determinanten menschlicher Entwicklung lassen sich Innovationen insbesondere unter den drei folgenden Aspekten beobachten:

Erstens wird die Wirkung von biologischen und soziokulturellen Faktoren immer weniger in der Perspektive eines Dualismus und immer mehr in der Perspektive einer spannungsreichen Einheit beschrieben und analysiert. Im Kompendium der Nationalakademien in USA wird dieser Perspektivenwechsel wie folgt gekennzeichnet: „The long-standing debate about the importance of nature *versus* nurture, considered as independent influences, is overly simplistic and scientifically obsolete. Scientists have shifted their focus to take account of the fact that genetic and environmental influences work together in dynamic ways over the course of development" (Shonkoff/Philipps 2000, S. 6). Noch deutlicher wird der angesprochene Perspektivenwechsel bei Konzepten, welche die Untrennbarkeit der beiden Faktoren auch sprachlich zum Ausdruck bringen: bei der Rede von der „Koevolution von menschlicher Biologie und Kultur" (Tomasello 2010, S. 45) oder beim Konzept der „kulturellen Natur" der menschlichen Entwicklung (Rogoff 2003).

Zweitens hat sich innerhalb der Biologie ein neuer Forschungszweig etabliert, der unter der Bezeichnung *„Epigenetik"* die Wechselwirkungszusammenhänge zwischen Genen und Umwelt in einer neuen Perspektive untersucht Dabei geht es um Einflüsse der Umwelt auf Gene. Die Forscher können zeigen, dass Umweltbedingungen darüber entscheiden, ob Gene im einen Fall aktiviert, im anderen jedoch gleichsam stillgelegt oder abgeschaltet werden. Man kann also sagen, dass insbesondere während der Schwangerschaft sowie in den ersten Lebensjahren die Merkmale und die Qualität der Lebenswelt, in welcher wir aufwachsen, mit dazu beiträgt, ob wir später besonders resilient (d.h. widerstandsfähig gegenüber stresshaltigen Erfahrungen) sind oder eine Veranlagung zu Depressionen, Angsterkrankungen etc. haben, ob wir gute soziale Bindungen eingehen können oder nicht. Die Erkenntnisse, welche die Epigenetik hervorzubringen beginnt (bislang freilich auf der Grundlage von Tierforschung), geben Anlass zu der Hoffnung, dass wir das, was aus unserem Erbgut oder sogar dem Erbgut unserer Kinder wird, vermittels unserer Lebensführung ein Stück weit beeinflussen können. (Spork 2009). Für die (Früh-)Pädagogik liegt die Bedeutung der Erkenntnisse der Epigenetik insbesondere darin, dass diese eine bessere wissenschaftliche Begründung von Konzepten und Ansätzen der Prävention liefern können.

Neben den beiden genannten Faktoren der Anlagen und der Umweltbedingungen ist ein dritter Faktor der menschlichen Entwicklung „entdeckt" worden. Die Theoriedebatte und empirische Studien zu diesem dritten Faktor sind zu einem der auffälligsten Schwerpunkte der disziplinübergreifenden Entwicklungs- und Sozialisationsforschung geworden. Wenn dieser dritte Faktor Berücksichtigung findet, wird der anthropologische Dual zur anthropologischen Trias erweitert. Ein gutes Beispiel dafür bietet das oben noch unvollständig wiedergegebene Zitat aus dem Kompendium der amerikanischen Nationalakademien. Als die wichtigsten Faktoren der menschlichen Entwicklung werden genannt:

1. „human development is shaped by a dynamic and continuous *interaction between biology and experience*
2. *culture* influences every aspect of human development and is reflected in child rearing beliefs and practices designed to promote healthy adaptation
3. the growth of *self-regulation* is a cornerstone of early childhood development that cuts across all domains of behaviour" (Shonkoff/Phillips 2000, S. 3).

Neben der Umschreibung mit *self-regulation* (s. oben) hat es viele Versuche gegeben, diesem Faktor einen Namen zu geben und für seine Wirkungsweise fruchtbare und empirisch überprüfbare Konzepte und Forschungsmethoden zu finden:

- In der deutschsprachigen Entwicklungspsychologie und Pädagogik beispielsweise wird mit dem Konzept „Selbstwirksamkeit" (Jerusalem/Hopf 2002) sowie mit den Konzepten „Selbstregulation" (Keller 2003, Oerter/Montada 2008), „Selbsterziehung, „Selbstgestaltung" und „Selbstorganisation" (Oerter/Montada 2008) gearbeitet.
- In der deutschsprachigen Sozialisationsforschung wird das Konzept der „Selbstsozialisation" kontrovers diskutiert (Hurrelmann/Grundmann/Walper 2008).
- In der englischsprachigen Entwicklungs- und Sozialisationsforschung stellt neben der Prüfung verschiedener Konzepte wie zum Beispiel „self-determination" die Frage nach „socialization as support

for children's capacities to *self-regulate*" einen besonderen Schwerpunkt dar, dem auch ein zwei eigene Handbücher gewidmet worden sind (Boekaert/Pintrich/Zeidner 2000, Baumeister/Vohs 2011). Relevant ist auch der Begriff *agency* (insbesondere bezogen auf Kinder, vgl. Kuzzcynski/Parkin 2007); eine Übersetzung ins Deutsche könnte „Handlungsvermögen" lauten.

- In der frühpädagogischen Forschung in Deutschland ist dieser Forschungsschwerpunkt allenfalls ansatzweise angekommen; das gilt etwa für die phänomenologisch-anthropologischen Analysen zur Konstitution von Ich und Welt, die Ursula Stenger (2002) vorgelegt hat, und die qualitative Studie von Petra Jung (2004), in welcher die Frage nach dem Beitrag der Kinder zu einem „guten" Kindergarten gestellt wird.

Die genannten Forschungsbeiträge verbindet, dass sie das, was hier als dritter Faktor bezeichnet wird, im Kern der Person aufsuchen und diesen Kern in Facetten des *„Selbst"* zu finden meinen. Was dabei unter Selbst verstanden wird, meint keinesfalls etwas Monadisches, es meint vielmehr ein sich lebenslang entwickelndes Beziehungsphänomen, im Sinne zum Beispiel von Jerome Bruners „transactional self" (Bruner 1987), von G.H. Meads Verbindung von „I" und „Me", von Martin Bubers „Ich", das aus Ich-Du hervorgeht, sowie von Sigmund Freuds „Ich" mit seiner Bezogenheit auf die Naturgewalten des „Es" und die gesellschaftliche/kulturelle Kontrollmacht des „Überich" (Freud 1953).

Die Konstitution und Entwicklung dieses „Selbst", dem wir uns damit angenähert haben, kann man als die Aufgabe jenes Lebenslauf begleitenden Beziehungsgeschehens begreifen, das seit der Aufklärung mit dem Begriff „Bildung" beschrieben wird.

Die (Früh-)Pädagogik hat, wie gesagt, an diesem Forschungsschwerpunkt wenig Anteil. Andererseits aber gilt hier, wie für viele Erkenntnisse der heutigen Wissenschaften, dass nicht die Erkenntnisse selber als neu gelten können, sondern allenfalls die Wege zur Erkenntnis.

In diesem Sinne zeigt der historische Rückblick: Das „Selbst" als dritter Faktor der menschlichen Entwicklung sowie die anthropologische Trias sind nicht, wie oben angedeutet, neu „entdeckt" worden, sie haben vielmehr ihren Ursprung in der Philosophie und Pädagogik der Aufklärung. Diese hat die Vorstellung hervorgebracht, der Mensch sei oder solle sein Schöpfer seiner selbst. Diese Vorstellung kann man ihrerseits als die säkularisierte Variante der religiösen – jüdischen (Schöpfungsbericht im Alten Testament) und christlichen (Kirchenväter, vor allem Augustinus) – Vorstellung von der „Gottesebenbildlichkeit“ (*imago dei*) des Menschen kennzeichnen.

Unübertroffen ist das hier angedeutete anthropologische Gedankengut der Aufklärung von Kant und Pestalozzi formuliert worden.

Was wir „dritten Faktor“ genannt haben, fasst Kant in seiner Vorlesung über Pädagogik in folgende Worte:

> „Die Vorsehung hat gewollt, dass der Mensch das Gute aus sich selbst herausbringen soll und spricht sozusagen zum Menschen: ‚Gehe in die Welt!‘, – so etwa könnte der Schöpfer den Menschen anreden, – ‚ich habe dich ausgerüstet mit allen Anlagen zum Guten. Dir kommt es zu, sie zu entwickeln, und so hängt dein eigenes Glück und Unglück von Dir selbst ab‘“ (Kant 1803/1922, S. 197 f.).

Ebenso unübertroffen ist die Kurzfassung der anthropologischen Trias, die Pestalozzi 1797/1946) formuliert hat:

- Der Mensch als *Werk der Natur*
- Der Mensch als *Werk der Gesellschaft*
- Der Mensch als *Werk seiner selbst.*

Die Erkenntnisse der Philosophie und Pädagogik im Zeitalter der Aufklärung sind aus Nachdenken (sog. spekulativen Denken) und Beobachtung, jedenfalls nicht aus Forschung im heutigen Verständnis hervorgegangen. Wenn die heutige Forschung mit ihrem ausgefeilten Methodenarsenal in vielen Fällen keine neuen Erkenntnisse hervorbringt, sondern eher das Gedankengut früherer Jahrhunderte neu überprüft und häufig bestätigt, spricht das selbstverständlich nicht gegen die heutige Forschung. Es spricht aber mit Blick auf das Gesagte auch nichts dagegen, die Tradition des philosophisch-pädagogischen Denkens zu bewahren und weiterzuführen.

Es ist in diesem Zusammenhang bemerkenswert, dass Helmut Fend seine Untersuchungen zur Entwicklungspsychologie des Jugendalters (Fend 2003) im Rekurs auf die genannte anthropologische Trias Pestalozzis gegliedert und resümiert hat.

2

Erziehung in Beziehungen: Grundbegriffe der Pädagogik der frühen Kindheit in der Perspektive eines Lebenslauf begleitenden Beziehungsgeschehens

Wenn man sich in der englischsprachigen Literatur zur frühpädagogischen Forschung, Ausbildung und Praxis einschließlich der Publikationen der OECD umschaut, ergibt sich der Eindruck, dass dort die Grundbegriffe der Frühpädagogik nicht so vieldeutig, konjunkturabhängig und umstritten sind wie hierzulande; und dies trotz einer vergleichbaren Vielfalt von Angebotstypen, Trägern und zuständigen Behörden. Vereinfacht lässt sich die Terminologie im angelsächsischen Sprachraum wie folgt zusammenfassen:

Zwei Aufgaben der Fachkräfte gelten als konstitutiv: *education* und *care* (vgl. z. B. Tassoni/Beith 2002, OECD 2001). Die nähere Bestimmung von *education* erfolgt durch die Begriffe *teaching* oder auch *in-*

struction. Die beiden genannten professionellen Aufgaben sind auf zwei Ziele ausgerichtet: *learning* und *development*. Das Handeln der Fachkräfte (in Gestalt von *education* und *care*) beinhaltet also die Begleitung und Unterstützung, Anregung und Herausforderung des Lernens und der Entwicklung der Kinder. Das heißt: *Education* und *care* werden als Aufgaben der Fachkräfte, *learning* und *development* als „Aufgaben" der Kinder beschrieben; in zugespitzter Diktion führt dies zu der Formel „teaching learning" (Blank 1983, s. auch 2.5). Dafür, dass die Fachkräfte ihre Aufgaben erfüllen und die genannten Ziele erreichen können, werden zwei Voraussetzungen genannt: Die Fachkräfte müssen *professionals* sein, und dafür wird im Allgemeinen die Berufsbezeichnung *teacher* verwendet (vgl. z.B. Riley 2007). Und es muss ein *curriculum* geben, also ein pädagogisch-didaktisches Programm, in welchem die Planung, Gestaltung und Auswertung der pädagogischen Arbeit der Fachkräfte sowie die Ziele und Inhalte des Lernens beschrieben werden.

Es gibt Gründe, vor allem historische Gründe dafür, dass die für den angelsächsischen Sprachraum – wenn auch etwas vereinfacht – dargestellten begrifflichen und konzeptionellen Grundlagen der Frühpädagogik in unseren Ohren fremd klingen; das ist insbesondere deshalb der Fall, weil sie weitgehend mit der Terminologie für die Schule übereinstimmen. Jürgen Reyer (2006) hat beschrieben und analysiert, dass und aus welchen Gründen die Geschichte des Kindergartens und der Grundschule in Deutschland von „inneren und äußeren Abgrenzungsmotiven geprägt" ist; und er hat die aktuellen Tendenzen zur Überwindung dieses „institutionellen Dualismus" auf gezeigt.

Die folgende Erörterung der (früh-)pädagogischen Grundbegriffe gewinnt durch zwei Akzentsetzungen ihr besonderes Profil.

Zum einen wird der Versuch unternommen, zu einer besseren Anschlussfähigkeit der deutschsprachigen an die internationale, insbesondere die englischsprachige Frühpädagogik zu gelangen. Dies geschieht beispielsweise dadurch, dass die Begriffe *Bildung* und *Lernen* einander systematisch näher gerückt werden als dies im frühpädagogischen Diskurs in Deutschland üblich ist.

Zum anderen kommt in den folgenden Ausführungen durchgängig die Überzeugung zum Tragen, dass diejenigen Phänomene, welche pädagogische Grundbegriffe beschreiben, nicht substantial bzw. als Dinge vorgestellt erden können, dass sie vielmehr auf Vorgänge/*Prozesse* verweisen, die im Kontext der geschichtlichen und lebenslaufbezogenen Zeit eine gewisse Kontinuität aufweisen und in vielfältigen Formen von interpersonellen *Beziehungen* angelegt sind bzw. aus diesen hervorgehen.

Wenn man die Charakterisierung der (früh) pädagogischen Grundbegriffe im Sinne der Beschreibung von Facetten eines den Lebenslauf begleitenden Beziehungsgeschehens vornimmt, kann man das Beziehungsgeschehen in zwei Perspektiven bzw. auf zwei Ebenen in den Blick nehmen: Die Binnenperspektive bzw. die Mikrosystemebene betrifft die interpersonellen Beziehungen und Prozesse innerhalb von Familien und Kitas. Die Kontextperspektive bzw. die Makrosystemebene betrifft die historisch-gesellschaftlichen sowie kulturellen bzw. subkulturellen Rahmenbedingungen, welche das Beziehungsgeschehen in Familien und Kitas in je spezifischer Weise prägen.

Die Untersuchung der *Mikrosystem*ebene bzw. *Binnen*perspektive des pädagogischen Beziehungsgeschehens hat eine lange Tradition. An deren Anfang steht das spekulative Denken der deutschsprachigen Klassiker der Pädagogik (insbesondere Pestalozzi und Schleiermacher) sowie die daran anschließende geisteswissenschaftliche Pädagogik (insbesondere Dilthey und Nohl). Eine Wiederaufnahme und methodisch weiterentwickelte und verfeinerte Fortführung dieser Tradition findet sich in der aktuellen deutschsprachigen und internationalen frühpädagogischen Forschung (Becker-Stoll/Textor 2007, Kuczynski/Parkin 2007). In der englischsprachigen Literatur finden sich beispielsweise programmatische und empirische Beiträge zu einer „Beziehungspädagogik" (*relational pedagogy,* vgl. Bingham/Sidorkin 2010, Papatheodorou/Moyles 2009).

Auch die Untersuchung der *Makrosystem*ebene bzw. *Kontext*perspektive des pädagogischen Beziehungsgeschehens hat ihre Wurzeln im spekulativen Denken der Klassiker der Pädagogik und in der geisteswissenschaftlichen Pädagogik. Die kulturanthropologischen Studien von M. Mead und anderen über Kindheiten in sogenannten primitiven Gesellschaften haben das Interesse einer breiteren Öffentlichkeit gefunden. Spezifische theoretische Profile hat die diesbezügliche Forschung in der französischen Erziehungssoziologie des 19. Jahrhunderts (Durkheim) und des 20. Jahrhunderts (Bourdieu) sowie in marxistischen Ansätzen in der Allgemeinen Pädagogik (Bernfeld 1925/1967) und der Frühpädagogik (Heinsohn 1971) gewonnen. Neuere entwicklungspsychologische und frühpädagogische Studien sind historisch-gesellschaftlichen, kulturalistischen oder „kritischen" Ansätzen verpflichtet und erproben die Verbindung von verschiedenen (quantitativen und qualitativen) Forschungsmethoden (Keller 2011, Rogoff 2003, Rogoff et al. 2007, Rothbaum/Trommsdorff 2007).

Die zuletzt genannten Studien stehen für den häufig propagierten, aber angesichts der Methodenprobleme nur selten unternommenen Versuch, die genannten Untersuchungsebenen bzw -perspektiven nicht jede für sich, sondern beide in ihrem wechselseitigen Zusammenhang in den Blick zu nehmen. Darauf wird im nächsten Kapitel ausführlicher eingegangen (s. Kapitel 3.9).

Die beziehungstheoretische Erörterung der (früh-)pädagogischen Grundbegriffe beginnt nicht, wie zu erwarten wäre, mit den im engeren Sinne „einheimischen" Begriffen der Pädagogik, sondern mit dem Begriff „Entwicklung". Dafür habe ich mich entschieden, weil ich den Lebenslauf sowohl subjektiv als auch objektiv als den wichtigsten Referenzrahmen für das pädagogische Beziehungsgeschehen halte. In dieser Perspektive steht die frühe Kindheit – zusammen mit der vorgeburtlichen Lebensphase – für die lebensgeschichtlichen Anfänge des pädagogischen Beziehungsgeschehens. Darüber hinaus werden nach allgemeiner Überzeugung in der frühen Kindheit die Grundlagen der lebenslangen Entwicklungs- und Bildungsprozesse des menschlichen Individuums gelegt. Im Rahmen der „Koevolution von menschlicher Biologie und Kultur" (Tomasello 2010, 45) finden während der frühen Kindheit Weichenstellungen statt, die für den ganzen Lebenslauf einer Person folgenreich sein können.

Wie stark sich „Entwicklung" und „Erziehung" wechselseitig bedingen, werde ich im ersten Abschnitt dieses Kapitels daran verdeutlichen, dass ich Entwicklung zum einen als Voraussetzung und Grundlage, zum anderen als Ziel und Ergebnis beschreibe.

2.1 Entwicklung im Lebensverlauf – Ausgangspunkt und Voraussetzung sowie Ziel und Ergebnis von Erziehung

Indem wir von der „kulturellen Natur" der menschlichen Entwicklung gesprochen haben, ist deutlich geworden, dass mit dem Konzept der Entwicklung ein Prozess beschrieben wird, der durch das Zusammenspiel von biologischen bzw. genetischen und von historisch-gesellschaftlichen bzw. soziokulturellen Faktoren bestimmt wird.

Mit Blick auf biologische bzw. genetische Faktoren stellt sich Entwicklung als Ergebnis von *Reifung* dar. Als Reifung werden „gengesteuerte Veränderungen von Strukturen und Funktionen der Organe, des Zentralnervensystems der hormonalen Systeme, der Körperformen usw. verstanden" (Oerter/Montada 2008, 28).

Mit Blick auf historisch-gesellschaftliche bzw. sozio-kulturelle Faktoren stellt sich Entwicklung als Ergebnis von *Erfahrung* und von durch Erfahrung ausgelösten Lernprozessen dar.

Entwicklung beinhaltet Veränderungen von Strukturen und Funktionen im Verlauf der Zeit, d. h. sie begleitet den Lebenslauf. Insofern sind Altersangaben, Altersverlaufskurven und Altersnormen entwicklungsrelevante Informationen (a. a. O., 17). Allerdings ist das Lebensalter keine Erklärung: Eine Veränderung tritt nicht ein, weil jemand älter wird, sondern weil Prozesse oder Ereignisse eintreten, die diese Veränderung bewirken. Diese Prozesse oder Ereignisse können mit dem Lebensalter zusammenhängen, das Lebensalter erklärt sie aber nicht (ebd., S. 18).

Die Entwicklungspsychologie ist lange von der Vorstellung einer unveränderlichen Abfolge von Phasen oder Stufen der Entwicklung ausgegangen, die ihrerseits einen mehr oder weniger engen Bezug zum Lebensalter aufweisen. Beispielsweise haben Freud bzw. Piaget die früheste Kindheit als „orale" (d. h. auf den Mund bezogene) Phase bzw. als Stufe der senso-motorischen (d. h. von Sinneswahrnehmung und Bewegung bestimmten) Intelligenz beschrieben.

Die heutige Entwicklungspsychologie hat zwar die lebensalterbezogene Einteilung von Entwicklungsprozessen nicht aufgegeben, sie betont jedoch die Variationsbreite individueller Entwicklungsprozesse im Hinblick auf das Lebensalter sowie die Reihenfolge im Erwerb von Teilkompetenzen (Largo 1999; Michaelis 2006). Ein gutes Beispiel dafür bietet die aktuelle Forschung über die motorische Entwicklung von Kindern, einen Entwicklungsbereich, dessen Erforschung besonders stark von der Vorstellung bestimmt war, dass sich eine komplexe Fähigkeit in einer bestimmten, auf das Lebensalter bezogenen Abfolge von Teilkompetenzen entwickeln. Anhand der Auswertung entwicklungsneurologischer und pädiatrischer Daten kann Michaelis (2003) zeigen, dass es eine Vielfalt von individuellen Entwicklungsverläufen im Erwerb von motorischen Kompetenzen gibt, eine Vielfalt, die nur hinsichtlich bestimmter Extreme im Sinne einer abweichenden bzw. gestörten Entwicklung zu interpretieren sind.

Es ist anzunehmen, dass sich eine entsprechende Vielfalt von individuellen Entwicklungsverläufen auch in anderen Fähigkeitsbereichen wie z. B. der Sprache zeigen, wenn darauf die Aufmerksamkeit gerichtet wird und angemessene Forschungsmethoden zum Einsatz kommen.

Neben der Betonung individueller Unterschiede im „Tempo" und Lebensalterbezug von Entwicklungsverläufen und der Abfolge von Entwicklungsschritten lassen sich zwei weitere Akzentsetzungen feststellen, denen in der aktuellen entwicklungspsychologischen Forschung eine große Bedeutung zugeschrieben wird und die in früheren Ansätzen keine oder jedenfalls eine geringere Rolle gespielt haben:

- das *Individuum als Akteur bzw. Konstrukteur seiner Entwicklung*: Damit ist gemeint, dass Entwicklungsverläufe nicht allein von biologischen und sozio-kulturellen Faktoren bestimmt werden, sondern auch von den heranwachsenden Individuen selber (s. Kapitel 1.8). Die heutige Entwicklungspsychologie spricht in diesem Zusammenhang von „Selbstregulation" (Keller 2003) sowie von „aktiver Selbstformung, Selbstinterpretation und Selbststeuerung" (Oerter/Montada 2008, S. 224). Formen der Selbstregulation sind bereits in der frühen Kindheit nachweisbar, sie werden aber, wie Rauh (2008, S. 224) betont, mit zunehmendem Alter immer ausgeprägter und tragen immer mehr zur Persönlichkeitsentwicklung bei.
- *Gesellschaft und Kultur als Kontexte der Entwicklung*: Die Persönlichkeitsentwicklung wird in starkem Maße von historisch-gesellschaftlichen und kulturellen Kontextbedingungen bestimmt; darauf

haben wir mithilfe der Konzepte der „kulturellen Natur der menschlichen Entwicklung" (Rogoff 2003) sowie der „Koevolution von menschlicher Biologie und Kultur" (Tomasello 2010) hingewiesen. Selbst im Hinblick auf so grundlegende Entwicklungsaufgaben wie den Aufbau von Bindung und die Entwicklung von Autonomie, welchen häufig eine weltweite („universale") Verbreitung und Geltung zugeschrieben werden, hat sich gezeigt, dass sie in kulturspezifischer Art und Weise interpretiert und reguliert werden (Rothbaum/Trommsdorff 2007, Keller 2011). Wenn heutzutage in Deutschland in allen Bundesländern Bildungspläne bzw. Bildungsprogramme für die pädagogische Arbeit in Tageseinrichtungen für Kinder in Kraft gesetzt worden sind, so sind auch diese als eine kulturelle Kontextbedingung zu betrachten, welche die Entwicklungsprozesse der Kinder beeinflussen.

Diese Überlegungen machen noch einmal deutlich, dass mit dem Begriff der Entwicklung – ebenso wie mit den übrigen Grundbegriffen der (Früh-)Pädagogik – ein Lebenslauf begleitendes Beziehungsgeschehen beschrieben wird; denn die Entwicklungsprozesse der Kinder werden nicht zuletzt durch diejenigen kulturspezifischen bzw. historisch-gesellschaftlich geprägten Überzeugungen und Werte, Praktiken und Alltagsroutinen bestimmt, welchen die Kinder im Umgang mit ihren nächsten Bezugspersonen (Eltern und Erzieherinnen) begegnen.

Entwicklung kann einerseits als Voraussetzung und Ausgangspunkt, andererseits als Ziel und Endpunkt für Erziehung betrachtet werden.

Wenn *Entwicklung als Voraussetzung und Ausgangspunkt* betrachtet wird, richtet sich die Aufmerksamkeit auf den aktuellen Entwicklungsstand der Kinder. Dieser gibt der Erzieherin insofern eine Richtschnur, als sie darauf zu achten hat, dass die Kinder durch die Spiel- und Lernangebote weder unterfordert noch überfordert werden. Eine in diesem Sinne „entwicklungsangemessene Erziehung" gehört zu den zentralen Leitideen der US-amerikanischen Frühpädagogik. Die National Association for the Education of Young Children (NAEYC) hat Kriterien einer entwicklungsangemessenen Praxis (*developmentally adequate practice,* abgekürzt *DAP*) entwickelt und dazu Wegweiser und Lehrbücher herausgegeben oder in Auftrag gegeben (z. B. Tassoni/Beith 2002).

Die Leitidee der Entwicklungsangemessenheit hat ihren Ursprung nicht in den USA, sie hat vielmehr – auch unter anderen Begriffen wie „Kindgerechtigkeit" oder „kindgemäße Erziehung" – eine lange Geschichte, die mit Rousseau beginnt (Schmitt 1989). Ähnlich wie die in der Rechtspraxis verbreitete Leitidee des „Kindeswohls" ist auch die Leitidee einer „entwicklungsangemessenen" Praxis mit Kritik bedacht worden, insbesondere im Hinblick auf die Vieldeutigkeit und Unbestimmtheit dieses Begriffs. Ein weiterer Kritikpunkt ergibt sich daraus, dass die DAP-Normen in der Regel auf Phasen der kindlichen Entwicklung Bezug nehmen, während die aktuelle Entwicklungspsychologie, wie bereits erwähnt, den Lebensalterbezug von Entwicklungsverläufen relativiert und die Bedeutung interindividueller Unterschiede hervorhebt. Es liest sich wie ein Echo auf solche kritischen Stimmen, wenn in neueren Publikationen Entwicklungsangemessenheit eher am einzelnen Kind als einer Entwicklungsphase orientiert und dementsprechend individualisierte Erziehungsmaßnahmen und Curricula empfohlen werden (*individual teaching;* vgl. Mortimore 1999, S. 127 und 220).

Wenn *Entwicklung* nicht als Voraussetzung und Ausgangspunkt, sondern *als Ziel und Endpunkt der Erziehung* betrachtet wird, so beinhaltet dies eine normative Position, die von einem bestimmten Menschenbild und kulturspezifischen Überzeugungen in der Frage wünschenswerter Persönlichkeitseigenschaften ausgeht. Erziehung orientiert sich in dieser Perspektive nicht am je aktuellen Entwicklungsstand der Kinder bzw. eines einzelnen Kindes, sondern an einem in der Zukunft liegenden Entwicklungsstand, der als Maßstab für alle Kinder gilt und der nur auf dem Wege bestimmter Erziehungsmaßnahmen, Lernangebote und Bildungserfahrungen erreichbar ist. Eine Betrachtungsweise dieser Art wird man der Pädagogik als einer ursprünglich normativ geprägten Kunstlehre und Wissenschaft ohne weiteres zuschreiben. Weniger wird man sie in der schon immer empirisch orientierten Entwicklungspsychologie erwarten. Und doch stammt die gehaltvollste und gründlichste Abhandlung zum Thema „Entwicklung als Ziel der Erziehung" aus der Feder des Kognitionspsychologen Lawrence Kohlberg (Kohlberg/Mayer 1972). Und Kohlberg baut mit seinen Überlegungen bereits auf den theoretischen und empirischen Analysen von Jean Piaget auf.

Für Piaget galten als die wichtigsten Endpunkte der Entwicklung und als die wichtigsten Ziele der Erziehung die Fähigkeit zum abstrakten

Denken und eine autonome, auf Selbstentscheidung beruhende Moral. Die wichtigsten Wege zu diesen Zielen sah Piaget im Abbau der einseitigen Abhängigkeit der Kinder von ihren Eltern und von anderen Erwachsenen, in der Erfahrung symmetrischer, auf Gegenseitigkeit beruhenden Beziehungen in der Sozialwelt der Gleichaltrigen sowie in Formen der Partizipation der Kinder in den Bildungsinstitutionen der Gesellschaft, die er unter dem Begriff der „Selbstregierung" zusammenfasste (Piaget 1932/1973, s. auch Kapitel 4.3).

Für Kohlberg gilt als wichtigster Endpunkt der Entwicklung und als wichtigstes Ziel der Erziehung eine „postkonventionelle", d. h. nicht an den Konventionen einer Gesellschaft, sondern an allgemeinen Prinzipien (z. B. Gerechtigkeit) orientierte Moral. Als einen wichtigen Weg der Erziehung zu diesem Entwicklungsziel betrachtete Kohlberg moralische Diskurse in Institutionen der Gesellschaft (z. B. Schulen), die sich als „gerechte Gemeinschaften" (*just communities*) verstehen.

Das normative Element, welches ins Spiel kommt, wenn Entwicklung als Ziel betrachtet wird, erhält einen geringeren Stellenwert, wenn *Entwicklung als Ergebnis von Erziehung* gesehen wird, gleichsam im Rückblick, jedenfalls im Sinne von Beschreibung oder Feststellung. Einen solchen Ansatz hat der bis heute international rezipierte sowjetische Psychologe Lev Vygotskij vertreten (s. Vygotskij 2003 und Keiler 2002). Vygotskij ist davon ausgegangen, dass Erziehung in gesellschaftlich geprägten Beziehungen stattfindet, und dass zwischen dem *inter*personellen Erziehungsgeschehen, das sich gleichsam auf der äußeren Bühne einer gemeinsamen Tätigkeit von Personen abspielt, und dem *intra*personellen Entwicklungsgeschehen, welches sich gleichsam auf der inneren Bühne der individuellen Person abspielt, ein enger Zusammenhang besteht. Dieser Zusammenhang zwischen Erziehung und Entwicklung kommt nach Vygotskij freilich nicht automatisch zustande, er setzt vielmehr auf der Seite des heranwachsenden Kindes einen aktiven Lernprozess voraus, den Vygotskij „Verinnerlichung" („Interiosation") nennt. Neben dieser das Verhältnis zwischen Erziehung und Entwicklung beschreibenden Dimension gibt es allerdings auch bei Vygotskij eine normative Dimension, und zwar insofern, als er die Idee entwickelt und experimentell erprobt hat, Kinder dadurch in ihrer Entwicklung voranzukommen zu lassen, dass sich die Erziehung bzw. das pädagogische Beziehungsgeschehen an der *„Zone der nächsten Entwicklung"* orientiert (s. Keiler 2002, 191 ff.). Man könnte diese Idee versuchsweise wie folgt umschreiben: In jeder Entwicklungsphase „schlummert" in jedem Kind ein Potential zum Beispiel des Denkens und Sprechens, welches durch gezielte Anregungen im Rahmen von gemeinsamen Beziehungen und Tätigkeiten (einschließlich beispielsweise des Spielens jüngerer Kinder mit älteren) geweckt und aktiviert werden kann, ohne solche Anregungen jedoch noch eine Zeit lang „weiter schlummern" würde. Die Idee der Orientierung an der Zone der nächsten Entwicklung (die englische Übersetzung lautet *zone of proximal development,* abgekürzt *ZPD*) ist weltweit rezipiert worden und hat weltweit, insbesondere in den USA, Eingang in die professionelle frühpädagogische Praxis gefunden (z. B. Bodrova/Leong 1996).

Der normative Bezugsrahmen, an welchem sich Piaget und Kohlberg in ihren Analysen orientiert haben (s. oben), stammt übrigens nicht aus der Psychologie oder deren Teildisziplinen. Implizit bei Piaget, explizit bei Kohlberg schließt dieser normative Bezugsrahmen an das Aufklärungsdenken, insbesondere an die Moraltheorie Immanuel Kants an. Dass und wie Piaget und Kohlberg an das Erbe der Aufklärung anknüpfen, zeigt sich auch an der Einordnung der Pädagogik in einen normativen Bezugsrahmen: Der Erziehung wird die Aufgabe zugeschrieben, dazu beizutragen, dass das sich entwickelnde Individuum von Fremdbestimmung zur Selbstbestimmung, von Heteronomie zur Autonomie, von Außenkontrolle zur Selbstkontrolle gelangt. Die genannten Ziele der Erziehung sind für die Pädagogik der frühen Kindheit allenfalls als Fernziele relevant. Und doch macht es einen Unterschied, ob solche Fernziele bei den Fachkräften Elemente ihres Menschenbildes und ihrer Erziehungshaltung sind oder nicht. Denn es gibt auch frühkindliche Formen der Selbstregulation und Selbstbestimmung; und diese können von den Fachkräften entweder unterstützt und herausgefordert oder vernachlässigt und gehemmt werden. Wie Tietze (2008, S. 277) festgestellt hat, ist durch empirische Untersuchungen gut belegt, „dass generell der Eigeninitiative und Selbständigkeit des Kindes als Kernelement seiner Förderung in Kindertageseinrichtungen ein hoher Stellenwert zukommt, wobei dies gezielte, entwicklungspsychologisch fundierte Programme nicht ausschließt".

2.2 Erziehung

„Erziehung" bildet im deutschen Sprachbereich die Wurzel der Berufsbezeichnung der Fachkräfte in Tageseinrichtungen für Kinder. „Erziehung" lässt sich ganz allgemein als das Ensemble jener Maßnahmen und Prozesse beschreiben, von welchen angenommen wird, dass sie einerseits die umfassende Entwicklung der in den Individuen angelegten Potentiale unterstützen und anregen und andererseits dazu beitragen, dass die gesellschaftlichen Güter, Wissensbestände und Werte von Generation zu Generation weitergegeben werden. Im Übrigen ist der Begriff der Erziehung vieldeutig. Beispielsweise schließt er sowohl einen Prozess wie sein Ergebnis ein, sowohl eine Absicht wie ein Handeln, sowohl absichtsvolles Handeln („intentionale" Erziehung) wie den unbeabsichtigten Einfluss von Vorbildern, Beziehungen und Umweltgegebenheiten („funktionale" Erziehung), Formen der Einwirkung von außen ebenso wie Selbsterziehung.

Unbeschadet der genannten Vieldeutigkeit gelten zwei Faktoren als konstitutiv für den Begriff der Erziehung:

- „Erziehung" beschreibt ein interpersonelles soziales Geschehen, einen in der geschichtlichen und lebensbezogenen Zeit angesiedelten Prozess, der in Beziehungen/Umgang/Interaktion/Kommunikation angelegt ist bzw. aus diesen hervorgeht. Als Grundform der für Erziehung konstitutiven Beziehung gilt das Generationenverhältnis, also die Beziehungen der älteren (erwachsenen) und der jüngeren (noch nicht erwachsenen) Generation (s. 3.1; vgl. z.B. Liebau/Wulf 1996). Erziehung betrifft demnach eine soziale Beziehung, sie kann nicht substantial oder verdinglicht vorgestellt werden.
- „Erziehung" beschreibt ein soziales Geschehen, das seine Bedeutung für das Individuum sowie für die Gesellschaft dadurch gewinnt, dass es auf „ein Drittes", d.h. auf Themen/Gegenstände/Inhalte des Alltagslebens und der Kultur sowie auf (für die Lebensführung notwendige) Verhaltensweisen/Fähigkeiten/Regeln bezogen ist. In dieser Hinsicht besteht die Aufgabe der Erziehung darin, das Individuum zur Handlungsfähigkeit in seiner Umwelt gelangen zu lassen und die Fortsetzung bzw. Erneuerung von Gesellschaft und Kultur in der Generationenfolge zu gewährleisten.

Fasst man die beiden Faktoren zusammen, kann man verkürzt sagen: Erziehung beschreibt den Versuch einer Person (z. B. einer Erzieherin), einer anderen Person (z. B. einem Kind) etwas (z. B. Wissen über die Wachstumsprozesse einer Pflanze) zu vermitteln. Am prägnantesten trifft diese Kurzdefinition auf „Unterricht" – eine der wichtigsten Formen der (professionellen) Erziehung – zu. Der Versuch, einer Person etwas zu „vermitteln", kann jedoch – empirisch in der Perspektive seiner Wirksamkeit betrachtet – nur dann gelingen, wenn er auf die Bereitschaft und Fähigkeit dieser Person trifft, sich die Sache, um die es geht, anzueignen. Die Tätigkeit der Aneignung kann man mit dem Begriff „Lernen" oder auch mit dem Begriff „Bildung" beschreiben.

In neueren Theorie- und Forschungsansätzen wird hervorgehoben, dass Erziehungsprozesse nicht allein von der Vermittlungstätigkeit der älteren gegenüber der jüngeren Generation bestimmt werden. Vielmehr findet „Erziehung" auch in der Umkehrung des Generationenverhältnisses sowie im Rahmen von intragenerationalen Beziehungen statt (vgl. z. B. Ecarius 2008, Kuczynski/Parkin 2007, Liegle/Lüscher 2004 und 2008). Das heißt: Kinder „erziehen" ihre Eltern, und Kinder (Geschwister und Gleichaltrige) „erziehen" sich wechselseitig. Mit Verweis auf neuere Theorie- und Forschungsansätze, in welchen die Reziprozität und wechselseitige Beeinflussung in Sozialisationsprozessen thematisiert werden (z. B. Kuczynski/Parkin 2007), könnte man auch sagen: Nicht eine Person erzieht eine andere Person, sondern „Beziehungen erziehen" (vgl. z. B. Bingham/Sidorski 2010). Damit würde der Überzeugung Ausdruck gegeben, dass „Erziehung" kommunikativ verfasst ist und dadurch zustande kommt, dass ein Individuum an Beziehungen (und deren Bezug auf kulturelle Praktiken und Inhalte) partizipiert und diese interpretiert.

Der damit angedeutete beziehungstheoretische bzw. dialogische Ansatz wird in den folgenden Kapiteln differenziert entfaltet.

2.3 Betreuung

Der Begriff Betreuung umschreibt, was Pestalozzi „allseitige Besorgung“ genannt hat, d.h. die umfassende Sorge für das leibliche und seelische Wohl und das Wohlbefinden der Kinder, Zeit für Kinder, Aufmerksamkeit auf ihre Signale und Bedürfnisse, Zuwendung und Anerkennung. Im angelsächsischen Sprachbereich lautet der entsprechende Begriff *care* bzw. *caring*; er ist auch in die deutsche pädagogische Fachsprache eingegangen. Im Untertitel der international vergleichenden Studie „Starting strong“ der OECD (2001 und 2005) stehen die Begriffe *education* und *care.*

Betreuung – als zunächst elterliche und sodann auch professionell wahrgenommene Aufgabe – antwortet auf die anthropologische Tatsache, dass Kinder, um überleben und im Lebenslauf ihre Anlagen entwickeln zu können, auf den Schutz, die Pflege, Zuwendung und Sorge erwachsener Bezugspersonen angewiesen sind. Man kann daher auch sagen, Betreuung – und das Gleiche gilt auch für Erziehung – sei als ein auf Angewiesenheit antwortendes Handeln zu verstehen.

Systematisch betrachtet stellt Betreuung (Sorge, *care*) einen integralen Teil von „Erziehung“ dar. Insofern schließt Didaktik als Theorie (professionellen) erzieherischen Handelns auch eine Didaktik der Betreuung ein. Und entsprechend umfasst die Orientierung des Handelns im Rahmen von Curricula (Erziehungs- und Bildungsprogrammen) sowie im Rahmen der Lehrpläne/Lehrbücher für die Ausbildung auch Aufgaben der Betreuung. Ein gutes Beispiel dafür bietet das Lehrbuch von Tassoni/Beith (2002), das in einem eigenen Kapitel *foundations to caring* und in einem weiteren Kapitel *health and community care* beschreibt.

2.4 Bildung bzw. Lernen; „Spielendes Lernen" in der Frühpädagogik

„Bildung" ist ein Schlüsselbegriff der deutschen Pädagogik/Erziehungswissenschaft, für den es in anderen Sprachen bzw. Pädagogiken keine exakte Entsprechung gibt. Um die Anschlussfähigkeit insbesondere an die – weltweit einflussreichsten – Humanwissenschaften im angloamerikanischen Sprachbereich zu gewährleisten, werden im Folgenden die Begriffe „Bildung" und „Lernen" parallel zueinander erörtert. Wie stark sich die beiden Begriffe überschneiden, zeigt sich beispielsweise mit Blick auf die Frage, wie die biologischen Tatsachen der lebenslangen Plastizität des menschlichen Gehirns und die dadurch bedingte enorme Anpassungsfähigkeit des Menschen an verschiedenste, auch von ihm selber geschaffene Umwelten in der erziehungswissenschaftlichen Fachsprache reflektiert und begrifflich gefasst werden. Es treten dabei zwei Konzepte hervor: (lebenslange) „Bildsamkeit" und (lebenslange) „Lernfähigkeit". Beide Konzepte/Begriffe stimmen darin überein, dass sie eine Grundbedingung dafür beschreiben, sich den Gegebenheiten der Umwelt anpassen zu können, in ihr erfolgreich zu agieren und diese gegebenenfalls im Interesse eigener Erfordernisse zu verändern. Die Differenz zwischen beiden Begriffen lässt sich vielleicht dahingehend bestimmen, dass man Lernfähigkeit als eine Voraussetzung für Bildsamkeit auffasst und mit Bildung nicht nur, wie mit Lernen, die erfahrungsbedingte Veränderung im Verhalten oder Verhaltenspotential eines Individuums meint (Bower/Hilgard 1981, S. 11), sondern darüber hinaus den Erwerb eines reflektierten Verhältnisses zu sich selbst, zu den Mitmenschen und zur Welt (s. unten).

2.4.1 Spielendes Lernen in der frühen Kindheit

In Anlehnung an Piaget kann man zwischen (konstanten) „Funktionen" und (variablen) „Strukturen" von Bildungsprozessen unterscheiden. Bei Piaget geht es dabei um Bestimmungen von Intelligenz. Die „Funktionen" des Interesses, des Verstehens, des Erklärens usw. sind, so Piaget, „allen Stadien gemeinsam", das heißt als Funktionen „invariant".

Neben den konstanten Funktionen müsse man jedoch die „variablen Strukturen" – die „Gestalten der geistigen Aktivität" – beachten, und gerade die Analyse dieser „fortschreitenden Strukturen oder sukzessiven Gleichgewichtsformen" fördere „die Unterschiede oder Gegensätze einer Verhaltensstufe zur anderen zutage, angefangen von den elementaren Äußerungen des Säuglings bis hinauf zum Erwachsenen" (Piaget 1940/1972, 189).

Ein für die Frühpädagogik besonders aufschlussreiches Beispiel für eine besondere, d.h. lebensphasenspezifische „Gestalt" des Lernens stellt das „spielende Lernen" dar.

Die Überzeugung, dass in der frühen Kindheit Spielen und Lernen untrennbar zusammenhängen, gehört zu den grundlegenden Prinzipien der Frühpädagogik. Sie lässt sich historisch bis zu Fröbels Pädagogik der Spielgaben zurückverfolgen, und sie kommt weltweit in den Theorien, in den Curricula und in den Praktiken der Erziehung in früher Kindheit zum Ausdruck. Die weltweite Verbreitung von technischem Spielzeug und Computerspielen hat offenbar nichts daran geändert, dass den traditionellen Formen des Spiels große Bedeutung für die Daseinsbewältigung sowie für die soziale, sprachliche und kognitive Entwicklung der Kinder in der vorschulischen Lebensphase zukommt (Oerter 2003 und 2008; Lyytinen u.a. 1999). Zu diesen zählen exploratives bzw. sensomotorisches Spiel, Phantasiespiele („Tun-als ob"), Rollenspiele und Regelspiele. Andererseits belegen Alltagserfahrungen und Forschungsbefunde, dass die Materialien, die Formen und die Inhalte des Kinderspiels ebenso wie die (professionelle) Begleitung des Kinderspiels durch die Erwachsenen eine große Vielfalt aufweisen in Abhängigkeit von historischen und soziokulturellen Kontextbedingungen des Aufwachsens und der Erziehung. Die spannungsreiche Einheit von universaler Verbreitung und kontextbezogener Vielfalt lassen das Kinderspiel und seine Bedeutung in der Frühpädagogik als ein besonders geeignetes Thema international vergleichender Forschung erscheinen.

Tatsächlich ist diesem Thema eine der ganz wenigen frühpädagogischen Studien gewidmet (Pramling-Samuelsson/Fleer, 2009), die den systematischen Ansprüchen an die Kultur vergleichende frühpädagogische Forschung (Liegle 2010) gerecht wird. Den Schwerpunkt dieser 7-Länder-Studie (Australien, Chile, Hong Kong, Japan, Neuseeland, Schweden und USA) bilden Videoaufnahmen des Kinderspiels im Alltag von Tageseinrichtungen und deren Interpretation durch Fachkräfte (und Eltern). Die Befunde zeigen: In allen untersuchten Ländern gehört es zum Kanon professionellen Wissens, dem Spiel der Kinder einen zentralen Stellenwert für Entwicklung und Lernen zuzuschreiben. Dem entsprechend ist das professionelle Handeln darauf ausgerichtet, für das Spiel der Kinder Materialien, Zeit und herausfordernde Gelegenheiten zur Verfügung zu stellen. Andererseits verweist die Studie auf große Unterschiede in den Überzeugungen der Fachkräfte über den wechselseitigen Zusammenhang zwischen Spiel und Lernen, über die Werte (z.B. Orientierung eher am Individuum oder an der Gemeinschaft), die im Spiel angeeignet werden (sollen), insbesondere aber in den Formen der professionellen Begleitung des Spiels. Beispielsweise wird in China und in Chile – im Gegensatz zu den übrigen untersuchten Ländern – das Spiel der Kinder von den Fachkräften gezielt genutzt, um den Kindern bestimmte Kenntnisse oder Konzepte (z.B. Farbe und Form) zu vermitteln.

Auf die Frage, wie sich die besondere Bedeutung, die dem spielenden Lernen international zugeschrieben wird, erklären lässt, sind verschiedene Antworten gegeben worden. Beispielsweise wird argumentiert, dass das Spiel – als ein Phänomen, das typischerweise im Kontext der ersten nachgeburtlichen Lebens- und Lernphase auftritt – zur „kulturellen Natur“ des Menschen gehört und insofern, wie das Phänomen der Kindheit selber, als evolutionäre Errungenschaft gelten kann; denn das Spiel dient nachweislich – und zwar nicht nur beim menschlichen Nachwuchs, sondern auch bei allen Primaten – der übenden bzw. vorbereitenden Anpassung an die je spezifische Umwelt, in welche der Nachwuchs hineingeboren wird (Papousek 2003).

Dass im Medium des Spiels bzw. des spielenden Lernens auch eine erfolgreiche kompensatorische Förderung soziokulturell benachteiligter Kinder geleistet werden kann, hat beispielsweise das Projekt von Sara Smilansky gezeigt, das in den 1950er und 1960er Jahren in Israel durchgeführt wurde und das sich insbesondere auf systematische Sprachförderung bei benachteiligten Vorschulkindern durch das Angebot sowie die professionelle Begleitung von soziodramatischem Spiel bezog (Smilansky 1968). Dieses effektive Fördermodell ist in den letzten Jahrzehnten noch einmal aufgegriffen und weiter entwickelt worden (Klugman/Smilansky 1990; Klugman 1995).

2.5 Zusammenhänge zwischen Erziehung und Bildung bzw. Lernen: Erziehung als Aufforderung zur Bildung/zum Lernen

Bildung und Erziehung werden hier als komplementäre Begriffe verstanden: Bildung als Aneignungstätigkeit hätte keinen Gegenstand und keine Entfaltungschancen ohne die unterstützende und stimulierende Vermittlung von Seiten der Umwelt. Erziehung als vermittelnde Tätigkeit müsste ins Leere laufen, könnte sie nicht auf die Aneignungsfähigkeit und Aneignungsbereitschaft der Kinder setzen. Erziehungsbedürftigkeit und Bildsamkeit (Lernfähigkeit) konstituieren in ihrem unauflösbaren Wechselwirkungszusammenhang die (kulturelle) „Natur" der menschlichen Entwicklung (vgl. Rogoff 2003 und Tomasello 2010).

Die Argumentation der voraufgehenden Abschnitte läuft darauf hinaus, Erziehung als Vermittlungstätigkeit und Bildung als Aneignungstätigkeit zu begreifen. In dieser Perspektive analysiert Dietrich Benner in seiner „Allgemeinen Pädagogik" das Verhältnis zwischen Erziehung(stheorie) und Bildung(stheorie) dahingehend, dass die Aufgabe von Erziehung als „Aufforderung zur Selbsttätigkeit" bestimmt wird (Benner 2001). In Übereinstimmung mit dieser Verhältnisbestimmung hat Marion Blank ihrer Darstellung des dialogpädagogischen Ansatzes in der Frühpädagogik den Titel *Teaching Learning in the Preschool* gegeben (Blank 1983). Die wörtliche Übersetzung „Lernen lehren" wäre innerhalb der Schulpädagogik unproblematisch. Innerhalb der Frühpädagogik hingegen wirkt sie auf uns befremdlich. In der Terminologie der deutschen Frühpädagogik müsste die Übersetzung „Anregung/Anleitung von Bildungsprozessen" oder „Erziehung zur Bildung" oder – und dafür habe ich mich entschieden – „Aufforderung zur Bildung" lauten. Diese Umschreibung des Zusammenhangs zwischen vermittelnder und aneignender Tätigkeit vermeidet das traditionelle Denken in den Kategorien von Ursache und Wirkung und wird Befunden der Lehr-Lern-Forschung und dialogischen Ansätzen der Erziehungstheorie gerecht: „Wissen kann", wie der Hirnforscher Gerhard Roth (2004, S. 497) sagt, „nicht übertragen werden; es muss im Gehirn eines jeden

Lernenden neu geschaffen werden". Nach Ricken (2006) hat pädagogisches Handeln seinen Bezugsrahmen in Bezogenheit, Angewiesenheit und daraus resultierender Verletzbarkeit. Dabei ist Selbsttätigkeit immer schon vorausgesetzt und vorauszusetzen. Pädagogisches Handeln erhält den Charakter des „Ermöglichens von Anderswerden" (Ricken 2006, 39).

Die theoretische Reflexion und empirische Erforschung sowie die Erzeugung eines praxisrelevanten Orientierungswissens im Hinblick auf die Ziele, Inhalte und Wege/Methoden der Aufforderung zur Bildung konstituieren den Gegenstandsbereich der Didaktik. Die Qualitätsmerkmale der Aufforderung zur Bildung haben, wie die Qualitäts- und Wirkungsforschung gezeigt hat, erhebliche Auswirkungen auf die Qualität der Bildungsprozesse der Kinder im Sinne des Erwerbs bzw. der Aneignung von Kompetenzen (vgl. z.B. Tietze 1998, Rossbach 2005).

Formen der Erziehung: Die Erziehung in früher Kindheit (verstanden als Aufforderung zur Bildung) weist – ebenso wie der Unterricht in Schulen – eine Vielfalt von Formen bzw. Methoden auf. Welche Methoden eine Erzieherin für ihr eigenes Erziehungsverhalten wählt, hängt von vielen Faktoren ab. Zu diese gehören die individuellen oder auch gesellschaftlich/kulturell geprägten Vorstellungen über Kinder und kindliches Lernen. Mortimore (1999, S. 3ff.) hat in diesem Zusammenhang drei Metaphern für den Kindergarten als Ort des Lernens erörtert: „Gärten, in welchen Kinder wachsen", „Fabriken, in welchen Kinder hergestellt werden", und „Krankenhäuser, in welchen Kinder von ihrer Unwissenheit geheilt werden". Wenn wir im Folgenden einige Typen von Erziehungsstrategien skizzieren, geschieht dies mit der aus Forschungsbefunden abgeleiteten Überzeugung, dass es *die* Erziehungsstrategie nicht geben kann, dass es vielmehr auf eine Verbindung verschiedener Strategien ankommt, bei welcher die Erzieherin auch die jeweilige Situation und das einzelne Kind im Blick hat (z.B. Siraj-Blatchford 1999 und 2007).

Pädagogik/Didaktik der indirekten Erziehung: Sie betont die Rolle der Erzieherin als Regisseurin einer anregenden Umwelt und setzt auf die Wirksamkeit jener Bildungsprozesse, die aus den vielfältigen Formen der Selbsttätigkeit der Kinder (Spiel, „Arbeit", Malen, Musik, Tanz, Experimente etc.) hervorgehen. Die Pädagogik der indirekten Erziehung hat Fröbel mit dem Begriff des „zufälligen Unterrichts" und

Maria Montessori mit dem Begriff der „vorbereiteten Umgebung" beschrieben, sie bildet aber auch den Kern weiterer frühpädagogischer Konzepte (s. Kapitel 5.2).

Pädagogik/Didaktik des Vorbilds: Sie betont auf Seiten der Erzieherin die Bedeutung von Selbstbeobachtung und Selbsterziehung und auf Seiten der Kinder das Lernen durch Nachahmung und Identifizierung. Die Pädagogik des Vorbilds ist am stärksten in der Waldorfpädagogik ausgeprägt, nimmt aber auch in weiteren frühpädagogischen Konzepten einen wichtigen Platz ein.

Pädagogik/Didaktik des Dialogs: Sie betont die Bedeutung des einfühlsamen und verantwortungsvollen Umgangs zwischen Erzieherin(nen) und Kind(ern) für die Unterstützung und Anregung von Bildungsprozessen und setzt auf vielfältige Formen des kommunikativen pädagogischen Handelns, wie z. B. Aufforderung zur Selbsttätigkeit, Zeigen, Üben oder die Auswertung von Projekten. Auch die Pädagogik des Dialogs bildet ein wichtiges Element vieler frühpädagogischer Konzepte (s. 3.10).

Die unterschiedlichen Formen des erzieherischen/didaktischen Handelns (s. oben) erweisen sich als unterschiedlich relevant bzw. wirksam hinsichtlich der Unterstützung/Anregung verschiedener Aspekte der Bildungsprozesse der Kinder. Beispielsweise unterscheiden Katz/Chard 2000 auf jeder Stufe der Erziehung vier Arten von Lernzielen: Wissen, Fertigkeiten, Dispositionen und Gefühle. Das Lernen in diesen vier Zielkategorien wird, wie die Autorinnen auf der Grundlage von Forschungsbefunden feststellen, auf verschiedenen Wegen erleichtert:

> „Im Falle von Wissen und Fertigkeiten kann das Lernen durch aktives Forschen und Studieren, durch angemessene Instruktion und viele andere Prozesse gefördert werden. Allerdings können Dispositionen und Gefühle nicht durch Studieren, durch direkten oder systematischen Unterricht gelehrt werden. Dispositionen scheinen von Modellen übernommen und durch wiederholtes Auftreten und Wertschätzen verstärkt zu werden. Sie werden schwächer, wenn sie nicht ausreichend häufig gezeigt, bestätigt oder wirksam eingesetzt werden. Gefühle werden eher beiläufig als Nebenprodukte der Erfahrung gelernt, nicht durch Unterricht. Sowohl Dispositionen als

auch Gefühle kann man insofern als zufällige Lernergebnisse betrachten, als sie die Prozesse des Erwerbs von Kenntnissen und Fähigkeiten begleiten" (Katz/Chard 2000, S. 214).

2.6 Sozialisation

Das Konzept „Sozialisation" beschreibt diejenigen Prozesse und Faktoren, welche ein Individuum zu einem handlungsfähigen Mitglied in der Gemeinschaft, Gesellschaft bzw. Kultur werden lassen, in welche dieses hineingeboren wird und in der es aufwächst. Verkürzt könnte man sagen, Sozialisation thematisiere die Vergemeinschaftung, Vergesellschaftung und Enkulturation des menschlichen Nachwuchses. Wie die folgende Definition zeigt, ist die angedeutete Kennzeichnung des Sozialisationskonzeptes insbesondere deshalb verkürzt, weil sie das Individuum als passives Objekt historisch-gesellschaftlicher und soziokultureller Einflussfaktoren erscheinen lässt. Demgegenüber lässt sich das derzeit international vorherrschende Verständnis von Sozialisation so beschreiben:

> „Sozialisation bezeichnet ... den Prozess, in dessen Verlauf sich der mit einer biologischen Ausstattung versehene menschliche Organismus zu einer sozial handlungsfähigen Persönlichkeit bildet, die sich über den Lebenslauf hinweg in Auseinandersetzung mit den Lebensbedingungen weiterentwickelt. Sozialisation ist die lebenslange Aneignung von und Auseinandersetzung mit den natürlichen Anlagen, insbesondere den körperlichen und psychischen Grundlagen, die für den Menschen die ‚innere' Realität bilden, und der sozialen und physikalischen Umwelt, die für den Menschen die ‚äußere' Realität bilden" (Hurrelmann 2006, S. 14).

Entsprechend diesem Verständnis wird in der aktuellen Sozialisationsforschung hervorgehoben, dass Sozialisationsprozesse nicht nur in einer Richtung – von den Erwachsenen zu den Kindern –, sondern wechselseitig (*bidirectional*) wirksam sind (Kuszynski/Parkin 2007).

Den Ursprung dieser Betrachtungsweise markiert die Abhandlung von Rheingold (1969) mit dem Titel „The social and socializing child". Dass auch Kindern, ja sogar bereits Säuglingen die Fähigkeit zu sozialer bzw. sozialisierender Wirkung zugeschrieben wird, hat mit der Erkenntnis zu tun, dass der menschliche Nachwuchs mit einem ursprünglichen Handlungsvermögen (*agency*) ausgestattet ist, das sich unter dem Einfluss von Sozialisationserfahrungen lebenslang weiterentwickelt. Dieses schon in frühester Kindheit beobachtbare Handlungsvermögen wird von Bruner (1987, S. 84) mit dem Konzept „sense of mutuality in action" und von Tomasello (2010, S. 43) mit den Konzepten der „geteilten Intentionalität" und der „Wir-Intentionalität" beschrieben.

Der Begriff Sozialisation verweist, wie schon die Wortbedeutung anzeigt, in noch stärkerem Maße als die übrigen Grundbegriffe der Pädagogik auf ein Beziehungsgeschehen: Sozialisationstheorien und Sozialisationsforschung beschreiben die Entwicklung der Person als Soziogenese. Als die lebensgeschichtlich ersten und dauerhaftesten Beziehungen gelten die (familialen und gesellschaftlichen) Generationenbeziehungen (Liegle/Lüscher 2008, Ecarius 2008). In der frühpädagogischen Sozialisationsforschung wird das sozialisatorische Beziehungsgeschehen in jenen beiden Perspektiven bzw. auf jenen beiden Ebenen untersucht, die am Beginn dieses Teilkapitels unterschieden wurden: Einerseits werden auf der Mikrosystemebene bzw. in der Binnenperspektive Sozialisationsprozesse in Familien (z. B. Schneewind 2008, Grusec/Hastings 2007, S. 259–354) und in Kindertageseinrichtungen (z. B. Becker-Stoll/Textor 2007, Tietze 2008) untersucht. Andererseits werden in der Kontextperspektive makrostrukturelle Rahmenbedingungen frühpädagogischer Angebote analysiert (z. B. Fawcett/Featherstone/Goddard 2004, Liegle 2010, Dippelhofer-Stiem/Wolf 1997, Woodill/Bernhard/Prochner 1992). Mit Hilfe des Konzeptes der „dual socialization" hat Dencik (1989) die Sozialisationserfahrungen von Kindern im Rahmen der sich wechselseitig durchdringenden mikrostrukturellen Welten der Familie und der Tageseinrichtung untersucht. Der Übergang der Kinder von der einen in die andere Welt ist das Thema praxisorientierter Studien (Griebel/Niesel 2004). Schließlich sind in der Tradition der ökologischen Sozialisationsforschung (Bronfenbrenner 1981) Studien vorgelegt worden, welche die wechselseitigen Zusammenhänge zwischen den verschiedenen Systemebenen und Perspektiven in den Blick nehmen (z. B. Corsaro 1997, Dippelhofer-Stiem/ Wolf 1997).

2.7 Zusammenhänge zwischen Sozialisation und Erziehung: Umgang mit sozialer Ungleichheit und kultureller Differenz

Die Begriffe „Sozialisation" und „Erziehung" überschneiden sich. Das zeigt sich daran, dass es innerhalb der Erziehungstheorie einen Begriff gibt – „funktionale Erziehung (Treml 2000) –, der die gleichen Phänomene beschreibt wie der Sozialisationsbegriff, nämlich Zusammenhänge zwischen Merkmalen der sozialen Umwelt und Kennzeichen der Persönlichkeitsentwicklung; umgekehrt gibt es in der Sozialisationstheorie einen Begriff – „organisierte Sozialisation" (Hurrelmann 2006) –, der die gleichen Phänomene beschreibt wie der Erziehungsbegriff, nämlich die bewusste und gezielte Unterstützung und Anregung von Entwicklungs- und Bildungsprozessen.

Wie wir gesehen haben, steht die Kindheit in modernen Gesellschaften im Zeichen der Institutionalisierung von Erziehung (siehe 1.2). Dies bedeutet, dass Kinder einen großen Teil ihrer Lebens- und Tageszeit im Rahmen von Institutionen verbringen, die eigens zum Zweck der Erziehung geschaffen worden sind. Kinder partizipieren damit – so formulieren es sozialisationstheoretische Ansätze – an „organisierter Sozialisation".

Das weltweit verbreitetste Beispiel für organisierte Sozialisation bzw. institutionalisierte Erziehung ist die (Pflicht-)Schule.

Wenn wir Schule in der Perspektive von Sozialisationsprozessen betrachten, zeigt sich, dass ihr Einfluss auf die Kinder nicht allein aus der Erfüllung ihres Zwecks – durch Unterricht soll das Lernen organisiert werden – hervorgeht, sondern auch aus den Merkmalen der Schule als Organisation bzw Institution: Was die Kinder in der Schule lernen, betrifft nicht allein die Inhalte von Lehrplänen und fachspezifischen Schulbüchern, es betrifft auch den Umgang mit den Regeln und Ritualen, durch welche Schulen geprägt sind, sowie die Anpassung an oder Auseinandersetzung mit dem Leistungsprinzip, dem Notensystem und dem Berechtigungswesen (s. 4.2). Für die Analyse der Merkmale der Institution Schule sowie deren sozialisatorischen Wirkungen hat nicht zuletzt das Konzept des „heimlichen Lehrplans“ eine wichtige Rolle gespielt (vgl. z.B. Zinnecker 1975). Die Regeln und Rituale entspringen zu einem Teil der inneren Dynamik des Schulsystems, zu einem anderen Teil spiegeln sie Herrschafts- und Kommunikationsformen, die in einer Gesellschaft oder Kultur Geltung haben. Wie bedeutsam die zuletzt genannten Kontextbedingungen sein können, hat beispielsweise eine Vergleichsstudie über Schulen und Unterricht in Russland (in der Ära Gorbatschow) und Deutschland gezeigt; insbesondere in der Gestaltung der Beziehungen zwischen Lehrern und Schülern (Autoritätsgefälle, Grad der Formalität, Höflichkeitsrituale wie etwa das Aufstehen der Schulklasse beim Eintreten des Lehrers und dessen gemeinsame Begrüßung) konnten viele und große, von jeweiligen politischen Systembedingungen geprägte Unterschiede dokumentiert werden (Glowka u.a. 1995).

Was hier am Beispiel der Schule illustriert wurde, gilt unter anderen Vorzeichen – z.B. fehlen dort die Merkmale Besuchspflicht, Noten und Zeugnisse – auch für Kindertageseinrichtungen Diese stellen ebenfalls ein Beispiel für institutionalisierte Erziehung bzw. organisierte Sozialisation dar. Auch hier werden die Kinder nicht nur durch die an Bildungsprogrammen orientierten Erziehungs- und Bildungsprozesse (vgl. Kapitel 2.2) und die gezielten Anregungen der Erzieherinnen beeinflusst, sondern auch durch ihre Teilnahme am Alltag der Institution, der von bestimmten Aktivitäten, Regeln und Ritualen geprägt wird. Auch hier gilt: Nicht nur die Erzieherin erzieht, auch die Tageseinrichtung *als Institution* „erzieht“ (funktional) bzw. hat sozialisatorische Bedeutung. Ein gutes Beispiel für die diesbezügliche frühpädagogische Sozialisationsforschung bietet die Studie von Schmidt (2004). Sie widmet sich in Gestalt eines ethnographischen Berichts der Bedeutung räumlicher Ordnung (z.B. „Funktionsbereiche“) in Kindertageseinrichtungen für das Freispiel. Es wird aufgezeigt, dass und wie die Erzieherinnen – z.B. im Rahmen des Konzepts der „offenen Arbeit“ –, aber auch die Kinder die räumliche Ordnung hervorbringen. Auf diese Weise erscheint die häufig benutzte Formel vom „Raum als ‚dritter Erzieher'" in einem neuen und facettenreichen Licht. Die Studie ist auch deshalb bemerkenswert, weil sie in der deutschen Frühpädagogik eine Forschungsperspektive verfolgt, die im anglo-amerikanischen Sprachbereich in den letzten zehn Jahren starke Aufmerksamkeit gefunden hat: Die Erziehungs- und Bildungsprozesse in Kindertageseinrichtungen werden als ein Beziehungsgeschehen analysiert, in welchem auch das Handlungsvermögen (*agency*) der Kinder Aufmerksamkeit findet.

Auf die Frage, welche Bedeutung die angesprochenen Zusammenhänge zwischen Sozialisation und Erziehung für die Organisation von Erziehungsprozessen in Kindertageseinrichtungen haben können, lassen sich insbesondere zwei Antworten geben:

Zum einen legt es das Wissen um diese Zusammenhänge nahe, die Gestaltung des Alltags (z. B. Regeln und Rituale) sowie der räumlichen und sächlichen Umwelt der Tageseinrichtung als einen wichtigen Teilbereich der professionellen Verantwortung wahrzunehmen.

Zum anderen müssen sich die Fachkräfte mit der Tatsache auseinandersetzen, dass die Kinder in ihren Familien unter dem Einfluss sehr unterschiedlicher kultureller und subkultureller Praktiken und Werte aufwachsen und diese Sozialisationserfahrungen in die Tageseinrichtung mitbringen; das spricht dafür, dass die Fachkräfte Fähigkeiten zu einem feinfühligen und gerechten Umgang mit Vielfalt und Diversität erwerben und diese Fähigkeiten auch bei den Kindern anregen sollten (Borke u. a. 2011). Denn die heutigen Kinder sind in den Tageseinrichtungen in multiethnische, multireligiöse und multikulturelle Beziehungen und Situationen hineingestellt. Mehrere Forscher (z. B. Siraj-Blatchford 1999) haben aufgezeigt, dass positive Selbstachtung davon abhängt, ob Kinder das Gefühl haben, dass die anderen sie akzeptieren und als kompetent und wertvoll wahrnehmen. Auch die Beziehung zwischen Selbstachtung und schulischen Leistungen wurde in diesem Zusammenhang deutlich gemacht (Department of Education and Science 1985; Purkey 1970). Untersuchungen über Prozesse der politischen Sozialisation haben gezeigt, dass Kinder bereits in der frühen Kindheit positive oder negative Gefühle über die verschiedenen „Rassen" erlernen: Schon dreijährige Kinder zeigen ein Bewusstsein von einer Rassenhierarchie, „das den aktuellen Vorurteilen der Erwachsenen entspricht" (Milner 1983).

3

Zwischen den Generationen: Facetten der erzieherischen/ sozialisatorischen Beziehungen

3.1 Generationenbeziehungen – der wichtigste soziale Kontext des Lebenslauf begleitenden Beziehungsgeschehens

Zu den verbreiteten sozialwissenschaftlichen Zeitdiagnosen gehört die These der Relativierung der Lebensalter bzw. der lebensalterbezogenen Zugehörigkeitsordnungen. Diese Diagnose führt dazu, den traditionell hohen Stellenwert der Generationenfrage in der Theorie der Erziehung in Frage zu stellen und nach anderen analytischen Deutungsmustern Ausschau zu halten, welche der „Generationenfalle“ (Böhnisch/Blanc 1989) entgehen. Im Gegensatz zu dieser – durch Argumente und Daten gut belegbaren – Sichtweise will ich im Folgenden zeigen: Das Konzept der Generation kann nach wie vor, vielleicht sogar mehr denn je, den Anspruch erheben, den Kern der Erziehungstheorie sowie der Bildungstheorie zu treffen. Dafür sprechen die im Folgenden näher zu erläuternden Argumente:

- Mit dem Konzept der Generation kann man nicht nur die Weitergabe des genetischen Erbes, sondern auch die Weitergabe des kulturellen Erbes in der Abfolge der Generationen und damit die zentrale Aufgabe von Erziehung beschreiben. „Was ist Pädagogik noch", fragt Mollenhauer, „wenn man sie um die Aufgabe der kritischen kulturellen Überlieferung verkürzt?" (Mollenhauer 1983, S. 175)
- Kulturelle Überlieferung in der Generationenfolge kann nur gelingen, wenn zwei Prozesse bzw. Leistungen zusammenwirken: Vermittlung und Aneignung. Vermittlung ist der Gegenstand von Theorien der Erziehung, Aneignung der Gegenstand von Theorien der Bildung. Die Tatsache, dass Wissen, Werte etc. nicht einfach vermittelt werden können, sondern auch angeeignet werden müssen, bietet die Chance der Re-Produktion, d. h. Neuschaffung des kulturellen Erbes. Das Zusammenspiel von Vermittlungstätigkeit und Aneignungstätigkeit hat seinen primären sozialen Ort im Verhältnis zwischen der erwachsenen und der heranwachsenden Generation, sei es im Rahmen der Familie oder im Rahmen des Erziehungssystems der Gesellschaft (Ecarius 2008; Liebau/Wulf 1996; Liegle/Lüscher 2004 und 2008). Will man die Wechselbeziehung zwischen Erziehungstheorie und Bildungstheorie erfassen, so erfordert dies dem entsprechend die Reflexion der sozialen Ordnung der Generationenbeziehungen.
- In komplexen Gesellschaften hat die Re-Produktion der Kultur zur Voraussetzung, dass Vermittlung (Unterricht, Erziehung) und Aneignung (Lernen, Bildung) zu eigenständigen Aufgaben werden, deren Wahrnehmung in dafür geschaffenen Institutionen jenseits der Lebenswelt geschieht. In der Folge wird Erziehung zum Beruf, und Lernen wird zu einer obligatorischen lebensgeschichtlichen Arbeitsleistung. Auf diesen Wegen werden Kindheit und Jugend weltweit in zunehmendem Maße gesellschaftlich als Erziehungs- bzw. Lernkindheit institutionalisiert.

3.2 Das Konzept der Generation

Das Konzept der Generation hat in den Sozialwissenschaften im Allgemeinen sowie in der Erziehungswissenschaft im Besonderen in zwei Perspektiven Bedeutung erlangt: Es dient dazu, „kollektive oder individuelle Akteure hinsichtlich ihrer sozial-zeitlichen Positionierung in einer Gesellschaft, einem Staat, einer sozialen Organisation oder einer Familie zu charakterisieren und ihnen eine spezifische Identität (‚Generationenidentität') zuzuschreiben". Und es bezeichnet – in der Perspektive von Beziehungen – „wechselseitige, rückbezügliche Prozesse der Orientierung, der Beeinflussung, des Austauschs und des Lernens zwischen den Angehörigen von zwei und mehr Generationen (intergenerationelle Beziehungen) sowie innerhalb ein und derselben Generation" (Lüscher/Liegle 2003, 59 f.).

In der Perspektive von „Generationenidentität" ist das Konzept der Generation von Wilhelm Dilthey eingeführt worden: „Diejenigen, welche in den Jahren der Empfänglichkeit dieselben leitenden Einwirkungen erfahren, machen zusammen eine Generation aus" (Dilthey 1875/1957, 37). Seine „klassische" Ausformulierung hat das Konzept der Generation i. S. v. Generationenidentität durch Karl Mannheim (1928/1964) erhalten. Die analytische Unterscheidung von „Generationenlagerung", „Generationenzusammenhang" und „Generationeneinheiten" hat Eingang gefunden in die zahlreichen Untersuchungen zu historischen Generationen(gestalten) (z. B. Reulecke 2000). Bei Mannheim ist auch die Vorstellung angelegt, dass im Rahmen der Generationenfolge jede neue Generation einen je spezifischen Zugang zum kulturellen Erbe wählen kann. Daran schließt in Verbindung mit entwicklungspsychologischen und pädagogischen Prämissen zur Bedeutung der Adoleszenz das Konzept der „Generativität" an, welches die Chancen der „Entstehung des Neuen" in der Abfolge der Generationen beschreibt (Lüscher/Liegle 2003; King 2002).

In der Perspektive von Generationenbeziehungen ist das Konzept der Generation von Friedrich Schleiermacher (1826/2000) eingeführt worden und bildet seitdem eine der wichtigsten Grundlagen und Themen der pädagogischen Theoriebildung und erziehungswissenschaftlichen Forschung (Liebau/Wulf 1996). Dabei ist die bei Dilthey angelegte dyadische Sichtweise der pädagogischen Generationenbeziehungen, die Herman Nohl (1933, 20 ff.) in seinem Konzept des „pädagogischen Bezugs“ aufgegriffen hat, ergänzt oder auch abgelöst worden durch eine Sichtweise, welche die Beziehungen zwischen Gesellschaftsgenerationen bzw. „Generationenverhältnisse“ ins Zentrum rückt. Dies zeigt sich u. a. an den zahlreichen Untersuchungen über Generationenkonflikte (z. B. Weber 1987), insbesondere aber an neueren theoriegeleiteten Studien, in welchen die „generationale Ordnung“ (Honig 1999) bzw. „Generationenordnung“ (Lüscher/Liegle 2003) in einer Gesellschaft als wirksame Kontextbedingung des Aufwachsens und der Identitätsbildung beschrieben wird. Parallel zu Regulativen der Sozialpolitik wird in diesem Zusammenhang auch von einem „pädagogischen Generationenvertrag“ gesprochen (Rauschenbach 1998, 24; Winterhager-Schmid 2001).

3.3 Generationenlernen im Kontext des Erziehungssystems der Gesellschaft

Die Beschleunigung der kulturellen Evolution (z. B. Wissensproduktion und Technikentwicklung) und der gesellschaftlichen Arbeitsteilung hat die traditionell vorrangige Stellung der – insbesondere in der Familie angesiedelten – Erziehung im Modus der „Präsentation“ einer Lebensform relativiert. „Repräsentation“ – „Auswählen, was vermittelt werden soll“ im Rahmen der „Konstruktion des pädagogischen Feldes“ im Erziehungssystem der Gesellschaft – ist zum wichtigsten Modus der Erziehung geworden (Mollenhauer 1983). Mit der Kodifizierung des Rechtes auf einen Kindergartenplatz und der Erfassung der überwiegenden Mehrheit der Kinder (2010: 89 % der 3–6-jährigen Kinder) in Tageseinrichtungen, mit dem geplanten und in Gang gesetzten Ausbau des Betreuungsangebots für die unter 3-Jährigen und mit der Verbreitung verschiedener Formen der Ganztagesschule wird die Konfiguration von privater und öffentlicher Verantwortung und Sorge für die nachwachsende Generation neu bestimmt, und zwar im Sinne einer stärkeren Gewichtung der öffentlichen Erziehung. Dank der Inklusion aller (im Falle der Pflichtschule) bzw. eines immer größeren Teiles der Mitglieder der nachwachsenden Generation in das Erziehungssystem der Gesellschaft wird das pädagogische Generationenverhältnis im globalen Maßstab zu einem zentralen Element sowohl in der gesellschaftlichen Ordnung als auch in der Struktur der individuellen Lebensläufe. Für den Alltag der Kinder und Jugendlichen bedeutet dies: Mehr denn je wird von ihnen erwartet, zusammen mit Altersgenossen für immer längere Phasen ihres Tageslaufes die Rolle von Lernenden in entsprechend ihrem Lebensalter gegliederten Bildungsinstitutionen wahrzunehmen. Komplementär wird immer mehr pädagogischen Fachkräften die Aufgabe zugeschrieben, Kinder und Jugendliche beim Erwerb von Weltwissen, Orientierung und Handlungsfähigkeit zu unterstützen und anzuregen.

Die verstärkte Zuweisung der Aufgaben der Vermittlung und Aneignung an öffentliche Einrichtungen hat zum einen mit dem Erfordernis zu tun, den Eltern eine bessere Balance von Erwerbs- und Familientätigkeit zu ermöglichen, betrifft also nicht die Bildungsfunktion, sondern die Betreuungsfunktion des Erziehungssystems. Zum anderen wird sie von der Überzeugung getragen, Bildung stelle die wichtigste Ressource nicht nur für die Persönlichkeitsentwicklung jedes Individuums, sondern auch für die Sicherung des Humanvermögens der Gesellschaft dar. In dieser Perspektive steht das Erziehungssystem der Gesellschaft vor der Herausforderung, so effektiv wie möglich zur Entwicklung des „kulturellen Kapitals" aller Mitglieder der nachwachsenden Generation beizutragen. Insbesondere im Hinblick auf die wachsende Zahl von Kindern, die unter den einschränkenden Bedingungen von ökonomischer und Bildungsarmut aufwachsen, beinhaltet diese Herausforderung gezielte individuelle Fördermaßnahmen zur Überwindung der engen Kopplung von Bildungslaufbahn und sozialer Herkunft sowie die Praxis einer Erziehungspartnerschaft, die Formen der Elternbildung und der aufsuchenden Elternarbeit einschließt (s. 4.5).

Das erzieherische Generationenverhältnis im Kontext öffentlicher Lernorte unterscheidet sich in mancher Hinsicht von den Generationenbeziehungen in Familien, z. B. im Grad der Intimität und in der lebenszeitlichen Dauer (s. 4.4). Andererseits wird die Konfiguration von Vermittlungs- und Aneignungstätigkeit auch an öffentlichen Lernorten nicht allein von ihrem Bezug auf die Lerninhalte bestimmt. Vielmehr erweisen sich die Methoden der Vermittlung (Didaktik), die Stile der Interaktion (darunter insbesondere Formen der Autorität), das soziale „Klima" etc. als wichtige Faktoren für die Lernmotivation und die konkreten Lernprozesse. Komplementär beeinflussen Lebensäußerungen und Verhaltensweisen der Kinder und Jugendlichen die Vermittlungstätigkeit der Fachkräfte. Für die vorschulische Lebensphase hat sich gezeigt: Die Bildungsmotivation der Kinder und ihre Fähigkeit, Entwicklungsaufgaben zu meistern, hängt in starkem Maße davon ab, ob sie in der Tageseinrichtung verlässliche Beziehungen (sichere „Bindung") und emotionale Sicherheit erfahren können (Grossmann/Grossmann 2006; Ahnert/Gappa 2010). Und auch für den Raum der Schule gilt: Die Inhaltsebene und die Beziehungs- bzw. Interaktionsebene sind nicht voneinander zu trennen; beide zusammen beeinflussen die Vermittlungstätigkeit der Lehrenden und die Aneignungstätigkeit der Lernenden (z. B. Winterhager-Schmid 2001). Und entsprechend dem zeitgeschichtlichen Wandel der Eltern-Kind-Beziehungen, der als Übergang „vom Befehls- zum Verhandlungshaushalt" beschrieben wird (z. B. Ecarius 2002), lässt sich auch ein Wandel der pädagogischen Generationenbeziehungen in den Einrichtungen des Erziehungssystems (einschließlich der Kinder- und Jugendhilfe) beobachten (z. B. Faulstich-Wieland 2001).

Programmatische Forderungen – beispielsweise in den drei letzten Kinder- und Jugendberichten der Bundesregierung – und eine Vielzahl von Maßnahmen und Praxisprojekten zielen nicht allein auf eine quantitative Ausweitung und qualitative Verbesserung der Angebote öffentlicher Erziehung ab. Vielmehr soll Erziehung als „gemeinsame Verantwortung" wahrgenommen werden, und zwar im Sinne einer „Erziehungspartnerschaft" von Familien und öffentlichen Erziehungsinstanzen sowie der Vernetzung aller Dienstleistungsangebote für Familien und Kinder im Gemeinwesen. Damit wird die Vision eines – private und öffentliche Erziehung und Sorge (*care*) integrierenden – „pädagogischen Generationenvertrags" (siehe oben) formuliert. Dieser betrifft auf Seiten der öffentlichen Erziehung neben dem Schulsystem auch die Einrichtungen und Maßnahmen der nonformalen und informellen Erziehung bzw. Bildung im Rahmen der Kinder- und Jugendhilfe (z. B. Schweppe 2002).

3.4 In den Prozessen der Vermittlung und Aneignung wird Kultur re-produziert bzw. neu erschaffen

Es gehört zu den nicht hintergehbaren Dilemmata der Erziehung als universeller Aufgabe (und auch als professioneller Aufgabe im Erziehungssystem der Gesellschaft), dass sie die Erreichung der gesetzten Ziele nicht steuern und kontrollieren kann. Darin liegt einerseits – in der Perspektive der Erziehungsinstanzen – ein Problem: Die Wirkung von Erziehung muss als unvorhersagbar betrachtet werden. Andererseits liegt darin eine Chance: Die Wirkung von Erziehung ist offen, d.h. sie kann nur von den Adressaten der Erziehung hervorgebracht werden. Hier kommt das Konzept der Aneignung zentral ins Spiel: Es bezeichnet „die bei den Vermittlungsoperationen mitzudenkende, komplementäre Operation auf Seiten der Adressaten des pädagogischen Systems" (Kade 1997, 50). Die spannungsreiche Interdependenz von Vermittlungs- und Aneignungstätigkeit bringt es mit sich, dass sich das kulturelle Erbe im Prozess der Überlieferung an die nachwachsende Generation verändert. Das kulturelle Erbe wird dadurch einem Wandel ausgesetzt, dass es weitergegeben und erworben werden muss. Wie dieser Wandel ausfällt, wird von vielen Faktoren bestimmt, wie zum Beispiel: von den Methoden/Formen der Weitergabe, von den personabhängigen Aneignungsprozessen, von der Qualität der Beziehungen zwischen Lehrenden und Lernenden und von den Rahmenbedingungen des Erziehungssystems der Gesellschaft. Eine fruchtbare theoretische Analyse des komplexen Problems der Vermittlung des kulturellen Erbes in der Generationenfolge und im Kontext von Generationenbeziehungen findet sich in den aus Mitschriften rekonstruierten Vorlesungen von G.H. Mead (1910/2008) zur Philosophie der Erziehung. Sie beinhalten eine Exemplifizierung seiner allgemeinen systematischen Überlegungen zum sozialen Ursprung von Bedeutung und Bewusstsein („Geist") am Erziehungssystem der Gesellschaft.

Die wichtigsten Gedanken in Meads Ansatz lassen sich wie folgt zusammenfassen: Die Entstehung von „Gesellschaft" (z.B. im Sinne von Sesshaftigkeit und systematischer Arbeitsteilung) verdankt sich der

„Notwendigkeit von Dauerhaftigkeit, Schutz, Fürsorge, Zusammenarbeit“ (S. 35). Auf diese Erfordernisse antworten unter anderem die Institutionalisierung einer „verlängerten Kindheitsperiode“ und die Etablierung eines Erziehungssystems, welchem die Aufgabe zukommt, das kulturelle Erbe an die „nachrückende Generation“ weiterzugeben. Für das Verständnis der sozialen Logik dieser Aufgabe ist es bedeutsam, nicht nur die „Vermittlung einer Ansammlung von Tatsachen“ zu betrachten, sondern vielmehr auch „den Effekt ins Auge zu fassen, den der Prozess des Weitergebens von Generation zu Generation auf das Material selbst gehabt hat“ (S. 34). In diesem Zusammenhang erhebt sich die Frage, inwiefern sich das kulturelle Erbe angesichts der „Notwendigkeit der Übermittlung“, d.h. durch die Erfordernisse der Sprache und durch die Methode der Darstellung dieses Erbes verändert, inwieweit also „das Gedankengut, das im Gruppenbewusstsein vorhanden“ ist, durch den Umstand beeinflusst wird, dass es „von einer reifen an eine heranwachsende Generation derart übermittelt wurde, dass letztere es assimilieren konnte“ (S. 35).

Der von Mead vorgeschlagene theoretische Zugang zur Frage des kulturellen Wandels in der Abfolge der Generationen setzt demnach an der Eigenlogik und Dynamik des Zusammenspiels von Vermittlungs- und Aneignungsprozessen an, die im Kontext des Erziehungssystems von den Mitgliedern der erwachsenen und der heranwachsenden Generationen gestaltet werden.

3.5 Machtverhältnisse und der lebensgeschichtliche Lernprozess im Umgang mit Macht

In G.H. Meads Ansatz des Symbolischen Interaktionismus werden Machtverhältnisse nicht thematisiert. Der soziale Charakter von Erziehung wird vielmehr dahingehend bestimmt, dass Erziehung einen Kommunikationsvorgang darstellt, in welchem unter Bedingungen von Wechselseitigkeit, Kooperation und Koordination „Bedeutungen“ hervorgebracht werden, und zwar von den Kindern ebenso wie von den Erwachsenen. Da nach dieser Auffassung die „Vermittlung" von Bedeutungen auf die Aneignungstätigkeit der Kinder angewiesen ist, kann sie nicht als „Reproduktion von Handlungen Anderer" verstanden werden (Mead 1910/2008, 14). Diese Sichtweise beinhaltet eine Aufwertung des lernenden Subjekts, wie sie für weite Teile der zeitgenössischen „Reformpädagogik" (z. B. für John Dewey, mit dem Mead wissenschaftlich und persönlich eng verbunden war) und auch für die geisteswissenschaftliche Pädagogik kennzeichnend gewesen ist. Sie impliziert allerdings auch die Ausblendung von Phänomenen der Macht, Herrschaft und Unterdrückung in der Gesellschaft, im Erziehungssystem und im Generationenverhältnis. Diese Phänomene sind insbesondere durch die Rezeption von Ansätzen des Historischen Materialismus (Bernfeld 1925/1967, Horkheimer 1936, Heydorn 1989, Bourdieu 1973, Sünker 1995) in das Blickfeld der Erziehungswissenschaft gerückt. Neben Formen der Gewalt werden ökonomische und soziale Ungleichheit, die „Kommodifizierung" menschlicher Beziehungen in spätkapitalistischen Gesellschaften und die asymmetrischen Strukturen im Geschlechter- und Generationenverhältnis als Kontextbedingungen des Aufwachsens, der Erziehung und der Bildung erkannt (Böhnisch/Schröer/Thiersch 2005).

Die kritische Reflexion von Kontextbedingungen muss nicht einhergehen mit einer Absage an die bildungstheoretische Prämisse, wonach die Aneignungstätigkeit nicht als Reproduktion der Handlungen Anderer verstanden werden kann (s. oben sowie Kapitel 2.4). Vielmehr kann die Wirksamkeit entwicklungshemmender Kontextbedingungen darin gesehen werden, dass diese die motivationalen Grundlagen der Aneignungstätigkeit einschränken oder blockieren und die in jedem Menschen angelegte Bildsamkeit nur partiell zur Entfaltung gelangen lassen.

Die pädagogischen Generationenbeziehungen im privaten und öffentlichen Raum weisen eine Eigendynamik zum Beispiel im Hinblick auf das Verhältnis zwischen Nähe und Distanz sowie Fremdbestimmung und Anregung von Selbstbestimmung auf, die von den beteiligten Personen geprägt wird. Andererseits ist in pädagogischen Generationenbeziehungen ein Machtgefälle – zum Beispiel die ungleiche Verteilung von Ressourcen und Formen der Abhängigkeit – strukturell angelegt. Ob und inwieweit dieses Machtgefälle in Richtung auf eine dynamische Machtbalance zwischen den Generationen transformiert wird, hängt von den beteiligten Personen, insbesondere aber von den familialen und gesellschaftlichen Kontextbedingungen ab. Der Prozess der „Zivilisation" im Sinne von Elias (1978) bringt die Tendenz hervor, dass in den öffentlichen und privaten Beziehungsstrukturen Formen des äußeren Zwangs durch den Zwang zum Selbstzwang abgelöst werden. Die Forschungsbefunde zur Wandlung der familialen Generationenbeziehungen „vom Befehls- zum Verhandlungshaushalt" sowie zur Informalisierung der pädagogischen Generationenbeziehungen im Erziehungssystem (s. oben) weisen in die gleiche Richtung. In der neueren Sozialisationsforschung werden die in zwei Richtungen („bidirectional") verlaufenden Einflüsse in der sozialen Praxis von Generationenbeziehungen betont (z. B. Grusec/Hastings 2007, 24 ff.). Derartige Wechselwirkungsprozesse lassen sich bereits in den frühen Mutter-Kind-Beziehungen, insbesondere aber in der Adoleszenz beobachten. Die folgende Aussage, die im qualitativen Material der Shell-Studie „Jugend 2000" dokumentiert ist, beschreibt das Phänomen der wechselseitigen Abhängigkeit unter dem Aspekt einer prekären Machtbalance:

> „Die Lehrer haben eben mehr Macht als die Schüler! Aber die Schüler haben auch ein bisschen Macht, die machen halt die Lehrer fertig, oder die Schüler gehen raus aus der Klasse, kein Problem. Wenn die Lehrer aufgeben, sagen sie zum Schüler: Du gehst jetzt raus vor die Tür. Warum sagen die Lehrer das? Weil sie aufgegeben haben. Da haben wir praktisch gewonnen" (zit. in Faulstich-Wieland 2001, 280).

Machtverhältnisse prägen jede Gesellschaft. Es ist daher eine lebensgeschichtliche Aufgabe, den Umgang mit Macht (einschließlich den Widerstand gegen illegitime Formen der Machtausübung) zu lernen. Dies kann nur in sozialen Kontexten geschehen, die selber Machtverhältnisse implizieren. Die pädagogischen Generationenbeziehungen in Familien und im Erziehungssystem sind diejenigen sozialen Orte, wo die lebensgeschichtlichen Lernprozesse im Umgang mit Macht am ehesten stattfinden können. Erziehung beinhaltet immer auch einen konflikt- und krisenhaften Dialog der Generationen, in welchem die wechselseitige Anerkennung der beteiligten Personen und ihrer unterschiedlichen

Lebensperspektiven ausgehandelt wird (Brumlik 1995). Für die nachwachsende Generation, die den im Generationenverhältnis verankerten Erziehungsprozess immer auch als Ausdruck eines Machtverhältnisses erlebt, stellt sich Identitätsbildung als ein „Kampf um Anerkennung" dar (Müller 1996 im Anschluss an Honneth 1994).

3.6 Generationenbeziehungen sind durch ein Machtgefälle, aber auch durch Wechselseitigkeit gekennzeichnet

In der aktuellen Sozialisationsforschung wird hervorgehoben, dass Sozialisationsprozesse nicht nur in einer Richtung – von den Erwachsenen zu den Kindern –, sondern wechselseitig (*bidirectional*) wirksam sind (z.B. Kuczynski/Parkin 2007). Dass ich die Wechselseitigkeit in Generationenbeziehungen betone, nachdem ich zuvor vom Machtgefälle gesprochen habe, wirkt widersprüchlich. Dies ist allerdings beabsichtigt. Es soll auf diesem Wege aufgezeigt werden, dass es angemessen und fruchtbar ist, von der Vorstellung auszugehen, intime und dauerhafte menschliche Beziehungen seien in ihrer sozialen und emotionalen Qualität, Farbe und Tönung keineswegs eindeutig, sondern vielmehr mehrdeutig und gleichsam schillernd oder schwirrend – in Abhängigkeit vom je individuellen, auch situativ und durch unterschiedliche Stimmungen beeinflussten Erleben der beteiligten Personen.

Um auf den Aspekt der Wechselseitigkeit in (familialen) Generationenbeziehungen zurückzukommen: Rheingold (1969, S. 779) geht von der These aus, „dass der menschliche Säugling sein Leben als ein sozialer Organismus beginnt, der trotz seines geringen Alters sich sozial verhält und andere mehr sozialisiert, als er von anderen sozialisiert wird. Die herangezogenen Belege betreffen unter anderem die Macht des Schreiens bzw. Weinens und die Wirksamkeit des Lächelns. Im Blick auf die emotionale Verbundenheit zwischen dem Säugling und seiner primären Betreuungsperson schließt Rheingold an die Erkenntnisse von Bowlby (1969) an; sie besagen, dass „Bindung" (*attachment*) auf beiden Seiten phylogenetisch angelegt ist: beim Säugling als auf Bindung angelegtes und bei der Mutterperson als ein auf Bemutterung angelegtes Verhaltenssystem. Der psychoanalytisch orientierte empirische Säuglingsforscher Martin Dornes ist zu der Vermutung gelangt, dass sich bereits innerhalb der beiden ersten Jahre nach der Geburt in der Beziehung zwischen Kind und Mutter so etwas wie „reziproke Anerkennung“ entwickelt (Dornes 1993, S. 146ff.). Diese Forschungstradition ist durch die von Tomasello (2010) mitgeteilten Ergebnisse experimenteller vergleichender Untersuchungen über das Sozialverhalten von Schimpansenbabies und menschlichen Säuglingen voll und ganz bestätigt worden: Sie lassen den Autor zu der Überzeugung gelangen, dass beim menschlichen Nachwuchs – und nur bei diesem – kooperatives Sozialverhalten phylogenetisch angelegt ist; kooperatives Verhalten sei bei Keinkindern „Ausdruck der natürlichen Neigung von Kindern, Mitgefühl zu zeigen“ (Ebenda, S. 26).

3.7 Ambivalenz in Generationenbeziehungen und der lebensgeschichtliche Lernprozess im Umgang mit Ambivalenz

Die Überlegungen zu Phänomenen der Mehrdeutigkeit in der Gestaltung sowie im Erleben von dauerhaften intimen Beziehungen bieten einen guten Anlass, um an die allgemeine Auffassung zu erinnern, die ich im Rahmen der Einleitung als eine Grundlage dieses Werkes formuliert habe, die Auffassung, dass es auf die grundlegenden Fragen der (Früh-)Pädagogik keine eindeutigen Antworten gibt, dass diese Fragen vielmehr auf Spannungsfelder verweisen, die in der sozialen Praxis von Erziehung, Betreuung und Bildung angelegt und, dem zufolge, unvermeidbar sind.

Diese Auffassung gewinnt eigentlich erst jetzt, nachdem in den letzten Abschnitten eine Reihe von Forschungsbefunden und Argumenten zusammengetragen worden sind, Bedeutung und Gewicht: Da in diesem Werk pädagogische Praxis als ein Beziehungsgeschehen im Kontext geschichtlicher und sozio-kultureller Strukturen aufgefasst wird, könnte sich das Deutungsmuster der Ambivalenz (Lüscher/Liegle 2003, S. 285–311; Lüscher 2011) für eine allgemeine Beschreibung von pädagogischer Praxis als fruchtbar erweisen. Es müsste sich, verkürzt und zugespitzt gesagt, aufzeigen lassen, dass Erziehen ein ambivalentes Geschäft ist, ambivalent insofern, als es sich in notwendigerweise widersprüchlicher Art und Weise auf das Kind und die Rolle des Kindes bezieht. Tatsächlich kann man zusammenfassend die diesbezügliche historische Forschung dahingehend interpretieren, dass im Verständnis des Kindes in allen Epochen und Kulturen eine besondere Wertschätzung einhergeht mit der Überzeugung von der Notwendigkeit eines disziplinierenden Umgangs mit Kindern. Die grundlegende Ambivalenz in diesen Vorstellungen über Kinder lässt sich an allgemeinen anthropologischen und erziehungstheoretischen Reflexionen veranschaulichen (z. B. Brumlik 1992). Im „pädagogischen Jahrhundert", d. h. in der Zeit der Aufklärung, in welcher die Erziehung als Chance und Mittel zur „Verbesserung" des Menschen(geschlechts) entdeckt und propagiert worden ist, hat Immanuel Kant sich diesem Thema gewidmet und in diesem Zusammenhang Überlegungen vorgetragen, deren Wirkungsgeschichte sich beispielsweise an dem zitierten Werk von Brumlik (1992) zeigt und die bis heute Beachtung verdienen. Bei Kant steht Kindheit gleichermaßen für Mensch-Sein und Mensch-Werden, für Sein und Sollen. Dass das Kind von Anfang an Mensch sei, wird in der Überzeugung zum Ausdruck gebracht, dass es lernfähig und ein mit Vernunft und Freiheit begabtes Wesen sei. Dass das Kind andererseits erst zum Menschen werden bzw. gemacht werden müsse, wird mit der Auffassung begründet, dass es erziehungsbedürftig sei und den Gebrauch der in ihm angelegten Vernunft und Freiheit erst lernen müsse. Der Mensch kann, wie Kant sagt, „nur Mensch werden durch Erziehung", er ist „nichts, als was die Erziehung aus ihm macht" (Kant 1803/1922, S. 195). Der – wie wir hier Kants Sprache versuchsweise „übersetzen" – Ambivalenz von Sein und Werden bzw. Sollen in der Vorstellung über Kinder entspricht in der Perspektive der Erwachsenen und ihrer Erziehungstätigkeit die Ambivalenz von Zwang und Freiheit. Erziehung könne auf Zwangsmittel nicht verzichten, der Einsatz dieser Mittel solle jedoch der Entwicklung der im Kinde angelegten Vernunft und Freiheit dienen. Für Kant lag „eines der größten Probleme der Erziehung" darin, „wie man die

Unterwerfung unter den gesetzlichen Zwang mit der Fähigkeit, sich seiner Freiheit zu bedienen, vereinigen könne. Denn Zwang ist nötig! Wie kultiviere ich die Freiheit bei dem Zwange?" (a.a.O., S. 206). Man müsse dem Kind „beweisen, dass man ihm einen Zwang auferlegt, der es zum Gebrauch seiner eigenen Freiheit führt, dass man es kultiviere, damit es einst frei sein könne" (a.a.O.). Die Auffassung, dass Zwang zur Erziehung gehöre, bedeutet für Kant nicht die Rechtfertigung eines eindeutig zwangsförmigen Umgangs mit dem Kind. Im Lichte von Kants Ethik des Erziehens dürfen die Eltern „ihr Kind nicht gleichsam als ihr Gemächsel (denn ein solches kann kein mit Freiheit begabtes Wesen sein) und als ihr Eigentum zerstören oder es auch nur dem Zufall überlassen" (a.a.O.).

Angesichts der starken Liberalisierungstendenzen, welche im Laufe des 20. Jahrhunderts einen Wandel in den Beziehungen zwischen Erwachsenen und Kindern in Familie und Schule und einen Wandel in den Erziehungs- und Unterrichtsmethoden herbeigeführt haben, sowie angesichts der Stärkung der Rechte der Kinder in Familie und Gesellschaft könnte der Eindruck entstehen, dass die von Kant erörterte Ambivalenz von Zwang und Freiheit in der Erziehung und in den Vorstellungen über Kinder heutzutage nicht mehr bestehe oder doch wesentlich abgeschwächt sei. Dieser Eindruck trifft jedoch die Realität allenfalls partiell. Einen Beleg dafür bieten die Ambivalenzen, die man am Beispiel der Begründungsmuster für die Pädagogisierung der Kindheit in Gestalt der gesetzlichen Einführung und faktischen Durchsetzung der allgemeinen Schulpflicht aufzeigen kann: Die gesetzliche Schulpflicht stellt in der Perspektive der Kinder einen Zwang dar. Die Rechtfertigung dieses Zwangs wird in der Überzeugung gefunden, nur durch Einsatz dieses Zwangsmittels sei zu gewährleisten, dass allen Kindern die Gelegenheit bzw. die „gleiche Chance" gegeben wird, ihre Lernfähigkeit und Bildsamkeit zu entfalten und zum Gebrauch der in ihnen angelegten Vernunft und Freiheit zu gelangen. Erst die Anerkennung dieser Ambivalenz von Fremdbestimmung und Selbstbestimmung erlaubt es, die Einführung der Schulpflicht nicht allein als Zwang, sondern zugleich als Voraussetzung für die Durchsetzung eines individuellen Bürger- bzw. Menschenrechts auf Bildung zu definieren.

3.8 „Bindung" – ein transaktionales Beziehungsgeschehen am Anfang des Lebenslaufs

Das Konzept des generativen bzw. Generationenlernens (s. oben sowie Liegle/Lüscher 2004 und Lüscher/Liegle 2003, S. 171 ff.) beinhaltet die Annahme, dass die Erfahrung und Gestaltung von Generationenbeziehungen in Familie und Gesellschaft spezifische Lernprozesse ermöglicht und erfordert. Damit wird verdeutlicht, was – in einer anderen Begrifflichkeit und unter einem anderen Blickwinkel – in einigen „klassischen" Generationentheorien angelegt ist, nämlich, dass prägende Erfahrungen das Bewusstsein der Generationenzugehörigkeit formen und dieses Bewusstsein sich als handlungsrelevant erweist. In der hier vorgeschlagenen Terminologie bedeutet dies: Im Medium der Erfahrung und Gestaltung von Generationenbeziehungen werden kollektive und an diesen orientierte personale Identitäten hervorgebracht. Diese wiederum bilden die Grundlage von Handlungsbefähigung.

Auf den ersten Blick mag es verfehlt erscheinen, das Konzept der Bindung in den Zusammenhang eines Lernkonzeptes zu stellen. Denn das Bindungskonzept hat seine Wurzeln nicht in irgendeiner Lerntheorie, sondern in der Psychoanalyse bzw. psychoanalytisch orientierten Ansätzen der Entwicklungspsychologie. Im Zentrum der Aufmerksamkeit steht dem entsprechend die emotionale Qualität der Mutter-Kind-Beziehung.

Ein erster Hinweis darauf, dass zwischen Bindungstheorie und Lerntheorien eine systematische Nähe angenommen werden kann, ergibt sich aus den folgenden Befunden der Bindungsforschung:

- Beziehungserfahrungen zwischen dem Säugling und seiner Mutter bzw. primären Bezugsperson prägen die Bereitschaft und Fähigkeit des Kindes zur „Exploration" seiner Umwelt.
- Beziehunngserfahrungen zwischen dem Säugling und der Mutter prägen die weitere Persönlichkeitsentwicklung.
- Es lassen sich verschiedene Typen der Beziehungsgestaltung – „sicher", „unsicher-vermeidend", „unsicher ambivalent" bzw. „desorganisiert" – unterscheiden, deren unterschiedliche Qualitäten die spätere Beziehungsfähigkeit beeinflussen.

- Die verschiedenen Bindungstile, die sich gemäß dieser Theorie in „inneren Repräsentationen" („Arbeitsmodellen") niederschlagen, bleiben über die gesamte Lebensspanne relativ konstant.

Im Hinblick auf das Konzept des generativen Lernens ist der zuletzt genannte Forschungsbefund besonders bemerkenswert. So haben einige Studien gezeigt, dass Erwachsene, die in ihrer Kindheit einen sicheren Bindungsstil erfahren haben, mit einer drei- bis viermal höheren Wahrscheinlichkeit ihre Kinder ebenfalls einen sicheren Bindungsstil erfahren lassen oder dass ein Zusammenhang von 82 % zwischen dem Bindungsstil der Mutter und dem des Kindes und von 62 % zwischen dem Bindungsstil der Großmutter, der Mutter und des Kindes besteht (Lüscher/Liegle 2003, S. 189).

Die Ansätze der Bindungsforschung zeichnen sich dadurch aus, dass ihre Analysen und Interpretationen in den meisten Fällen normativ geprägt sind. Das zeigt sich daran, dass ein bestimmter Bindungstypus („sichere" Bindung) als das Richtige dargestellt und die anderen Bindungstypen gemessen daran als defizitär bewertet werden. Dies gilt nicht nur – was unmittelbar einleuchtet – für die „unsichere", sondern auch für die „ambivalente" Bindung. Ein Grund dafür könnte die Herkunft aus der Psychoanalyse sein, bei der bekanntlich die Beobachtung und dann auch die Behandlung von Persönlichkeits- und Verhaltensproblemen im Vordergrund stehen. Andererseits steht die ausschließlich negative Bewertung des ambivalenten Bindungstyps im Widerspruch zu der Tatsache, dass das Konzept der Ambivalenz seine Wurzel in der Psychoanalyse hat und hier der Beschreibung einer in sich widersprüchlichen emotionalen Erfahrung dient, von der angenommen wird, dass sie im Rahmen intimer Beziehungen unvermeidlich ist.

Unbeschadet der genannten problematischen Aspekte sind die Erkenntnisse der Bindungsforschung über den engen Zusammenhang zwischen emotionalen Erfahrungen und den Lebenslauf begleitenden Lernprozessen von großem Belang für die pädagogische Theoriebildung, Forschung und Praxis. Sie liefern nämlich Belege für die Vermutung, dass die grundlegende Bedeutung, die den Lernprozessen im Kontext von Generationenbeziehungen für die (Selbst-)Konstitution der Person zuzukommen scheint, damit zu tun hat, dass Generationenbeziehungen – und damit sind in diesem Zusammenhang die Beziehungen zwischen Eltern und Kindern gemeint – den Prototyp für Beziehungen und Prozesse darstellen, welche durch die Prinzipien der Verlässlichkeit, Dauerhaftigkeit und Reziprozität ausgezeichnet sind. Die Erfahrung von Beziehungen und Prozessen dieser Qualität stellt aber – darüber besteht in den Humanwissenschaften weitgehend Einigkeit – die wichtigste Voraussetzung für die gelingende Ausbildung von Gemeinschaftsfähigkeit und autonomer Handlungsfähigkeit der Person dar.

Im Anschluss an Rene König hat Claessens (1962) die aus Bindungserfahrungen hervorgehende Konstitution der Person mit dem Konzept der „zweiten, sozio-kulturellen Geburt" analysiert. Die enge, gleichsam symbiotische Mutter-Kind-Beziehung wird dabei als eine Art sozialer Schoß aufgefasst, der dem neu geborenen Kind einen geschützten sozialen Raum bietet. In diesem nachgeburtlichen Schutzraum kann der Säugling zu einem Gefühl der Geborgenheit in der Welt gelangen, welches ihn instand setzt, aktiv auf die Welt zuzugehen. Dieses Gefühl der Geborgenheit ist auf der Grundlage verschiedener Konzepte beschrieben worden. So spricht der amerikanische Psychologe Erikson (1966) vom „Urvertrauen", der russische Psychologe Vygotskij vom „Ur-Wirgefühl" (Keiler 2002, S. 277 ff.). Gemeinsam ist diesen Konzepten die Auffassung, dass die Personwerdung die Erfahrung enger *inter*personeller Beziehungen zur Voraussetzung hat. Zugespitzt besagt diese Auffassung: Ein Ich-Gefühl entsteht erst aus der Erfahrung eines Wirgefühls; ein Gefühl der Autonomie hat zur lebensgeschichtlichen Voraussetzung die Erfahrung von Verbundenheit. Diese Auffassung wird auch zum Ausdruck gebracht, wenn die Psychologin Margaret Mahler in ihrer Studie zur „psychischen Geburt des Menschen" dem Zusammenhang zwischen „Symbiose" und „Individuation" nachgeht (Mahler 1996).

Die Auffassung, dass die Konstitution und Entwicklung der menschlichen Persönlichkeit die Erfahrung interpersoneller Beziehungen zur Grundlage haben, ist in den Humanwissenschaften seit Beginn des letzten Jahrhunderts häufig vertreten worden. Einige der dafür maßgeblichen Autoren sind im Zusammenhang mit der Erörterung der anthropologischen Grundlagen der Frühpädagogik bereits erwähnt worden (siehe Kapitel 1.8), so beispielsweise das Konzept des „transaktionalen Selbst" (Bruner 1987).

In den jüngsten Forschungsbeiträgen zur evolutionären Psychologie und Anthropologie ist diese Auffassung bestätigt worden: Tomasello (2010) hat die Erfahrung interpersoneller Beziehungen als Grundlage der Persönlichkeitsentwicklung mit den Konzepten der „geteilten Intentionalität" und der „gemeinsamen Aufmerksamkeit" beschrieben.

Mit der Übertragung dieser Auffassung auf die (früh-)pädagogische Theoriebildung und Forschung will ich dem vorliegenden Werk sein besonderes Profil geben: Parallel zum Verständnis der Persönlichkeitsentwicklung als Ergebnis der Erfahrungen in interpersonellen Beziehungen schlage ich vor, Erziehung und Betreuung, Lernen und Bildung als Aspekte eines den Lebenslauf begleitenden Beziehungsgeschehens zu verstehen (s. Kapitel 2). Dieses Verständnis ist nicht neu, es gewinnt jedoch im Lichte der jüngsten Forschungsbefunde, z.B. derjenigen von Tomasello, eine neue empirische Evidenz und damit ein stärkeres Gewicht. Es ist nicht zu übersehen, dass der enge wechselseitige Zusammenhang zwischen Beziehung(en) und Erziehung in der frühpädagogischen Forschung sowohl im deutschsprachigen als auch im englischsprachigen Raum derzeit ein zentrales Thema darstellt (z.B. Becker-Stoll/Textor 2007; Bingham/Sikorski 2010). Da die frühpädagogische Forschung ganz überwiegend mit Tageseinrichtungen für Kinder, d.h. mit öffentlicher/institutioneller Erziehung und nicht mit der Familienerziehung befasst ist, richtet sich die Aufmerksamkeit nicht so sehr auf jene gleichsam symbiotische Beziehung, welche mit dem Bindungskonzept beschrieben wird, als vielmehr auf die zeitlich begrenzten und durch emotionale Nähe, aber auch durch professionelle Distanz gekennzeichneten Beziehungen zwischen Fachkräften und Kindern. Es ist allerdings auch vorgeschlagen worden, die Erzieherin-Kind-Beziehung in der Perspektive der Bindungstheorie zu analysieren (z.B. Ahnert/Gappa 2007). In denjenigen Forschungsbeiträgen zum pädagogischen Beziehungsgeschehen in Kindertageseinrichtungen, welche einen starken Praxisbezug wissenschaftlicher Erkenntnisse im Auge haben, wird pädagogische Praxis als wissenschaftlich fundierte Gestaltung des Beziehungsgeschehens zwischen Fachkräften und Kindern beschrieben (z.B. König 2010; May 2011). Auch wenn man einer unmittelbaren Anwendung von Forschungsbefunden in der beruflichen Praxis skeptisch gegenübersteht, sollte man doch diejenigen Forschungsbefunde nicht unberücksichtigt lassen, welche die zentrale Bedeutung positiver emotionaler Beziehungen für die Lernmotivation und für Lernerfolge der Kinder belegt haben (z.B. Siraj-Blatchford 2007). Beispiele für „beziehungspädagogische" Ansätze in der Frühpädagogik werden im abschließenden Kapitel 5 vorgestellt.

Um noch einmal auf jenes besondere nachgeburtliche Beziehungsgeschehen zurückzukommen, welches mit dem Konzept der Bindung beschrieben wird: Ich habe diejenigen Befunde der Bindungsforschung referiert, die besagen, dass die Erfahrung einer sicheren Bindung als unabdingbare Voraussetzung für eine gesunde/normale Persönlichkeitsentwicklung betrachtet werden kann. Es gilt darüber hinaus auch der Umkehrschluss: Wenn die Erfahrung solcher Beziehungen fehlt oder aber negativ (im Sinne unsicherer Bindung oder pathogener Eltern-Kind-Beziehungen) besetzt ist, wirkt sich dies als ein gewichtiger Risikofaktor aus (z.B. Grossmann/Grossmann 2001). Diese Interpretation der Bedingungen für die (Selbst-)Konstitution der Person – die Beschreibung der Erfahrung einer sicheren Bindung als Voraussetzung für die Entwicklung autonomer Handlungsfähigkeit – geht von einem unvermeidlichen Spannungsverhältnis zwischen Verbundenheit und Autonomie aus. Die konstruktive Verarbeitung dieses Spannungsverhältnisses wird begünstigt, wenn auf Seiten der erwachsenen Bezugsperson(en) Bindung mit Freigabe und Loslassen und auf Seiten der Kinder die Erfahrung der Verbundenheit mit der Erfahrung von Selbstwirksamkeit und Autonomie einhergeht. In dieser Perspektive stellt nicht nur ein Mangel an Bindung, sondern auch ein Übermaß an Bindung („overprotection") ein Entwicklungsrisiko dar (z.B. Frick 2005).

Zusammenfassend weise ich darauf hin, dass das Bindungsverhalten als ein beredtes Beispiel für die „Koevolution" von Biologie und Kultur verstanden werden kann (vgl. oben Kapitel 1 und Tomasello 2010 sowie Keller 2011). Denn einerseits sind die „Erfinder" (z.B. Bowlby 1969) des Bindungskonzepts aus guten Gründen davon ausgegangen, dass das Bindungsverhalten sowohl bei den Müttern als auch bei den Kindern phylogenetisch verankert ist; tatsächlich lässt sich Bindungsverhalten auch bei anderen Primaten beobachten (z.B. Grossmann/Grossmann 2001). Andererseits hat es das, was heutzutage als „Mutterschutz" bezeichnet wird, schon immer und überall gegeben, das heißt: In allen uns bekannten Gesellschaften sind Maßnahmen ergriffen worden, um das werdende und das neu geborene Leben zu schützen und damit das

Überleben nicht nur der Individuen, sondern über diese auch den Fortbestand der jeweiligen Gesellschaft sicher zu stellen. Insofern kann das Bindungsverhalten von Mutter und Kind nicht nur als ein biologisch angelegtes Phänomen, sondern gleichermaßen als ein universal verbreitetes Phänomen der menschlichen Kultur verstanden werden (z. B. Grossmann/Grossmann 2003; Rogoff 2003, S. 102–149). Wenn man die damit behauptete doppelte Bedeutung des Bindungsverhaltens anerkennt, dann kann man auch die Interpretation des Bindungsverhaltens auf der Grundlage evolutionspsychologischer sowie auf der Grundlage kulturhistorischer und kulturvergleichender Erkenntnisse als sich wechselseitig ergänzende Ansätze verstehen.

Wenn wir das Bindungsverhalten schwerpunktmäßig als ein kulturelles (und kulturspezifisch geprägtes) Phänomen betrachten, gerät dieses Verhalten nicht als naturgegebene Bereitschaft und Fähigkeit in den Blick. sondern als gesellschaftlich geforderte Aufgabe.

Die Beschreibung des Bindungsverhaltens als Aufgabe lässt sich auf alle Phänomene des (generativen) Lernens ausdehnen: Die Vermittlung und Aneignung von Kultur, das Angebot von Lerngelegenheiten zur (Selbst-)Konstitution der Person – alle diese Formen des Lernens sind zu begreifen als lebensgeschichtliche bzw. den Lebenslauf begleitende Aufgaben, vor welche sich alle Menschen im Durchgang durch die verschiedenen Phasen der Generationszugehörigkeit gestellt sehen. Die Erfüllung dieser Aufgaben liegt nicht nur im Interesse der Individuen, sondern auch im Interesse der Gesellschaft (soziale und kulturelle Integration der Individuen sowie Sicherung des zukünftigen Humanvermögens). Es ist diese zweifache, auf die Individuen ebenso wie auf die Gesellschaft bzw. Kultur bezogene Bedeutung, welche die soziale Praxis der Erziehung zu einem zentralen Element der menschlichen Gesamtpraxis macht (s. Kapitel 1.2). Die damit verbundenen Aufgaben können auch verfehlt werden – ein Aspekt, der bei einer schwerpunktmäßig biologischen Argumentation weniger oder gar nicht in den Blick gerät –, sei es aufgrund widriger gesellschaftlicher Bedingungen, sei es aufgrund schwieriger Persönlichkeitskonstellationen.

3.9 Historisch-gesellschaftliche und kulturelle Kontextbedingungen für die Wahrnehmung und Gestaltung erzieherischer Beziehungen

Wenn man das nachgeburtliche Bindungsverhalten als ein Beispiel für die Koevolution von Biologie und Kultur betrachtet, wie ich das vorgeschlagen habe, dann lässt sich daraus ableiten, dass es fruchtbar ist, die Vorstellung von der universalen Verbreitung von pädagogischen Phänomenen und Prozessen mit der Vorstellung von deren historischer, kultureller und gesellschaftlicher Vielfalt zu verknüpfen. Denn, um es noch einmal am Bindungsverhalten zu illustrieren: Im Laufe der Geschichte sowie in den verschiedenen Kulturen und Gesellschaften hat es eine große Variabilität in den Formen der Mutter-Kind-Beziehung und der Gestaltung der Lernprozesse innerhalb dieser Beziehung gegeben. Dies zeigt sich, um nur einige Beispiele zu nennen, an den Formen des Körperkontakts (z. B. Tragen des Säuglings am Körper), an den Formen der Ernährung (Brust oder Flasche oder verschiedene Formen der Verbindung von beiden), an der Dauer des Stillens und den Formen des Abstillens oder an Formen der Ergänzung der biologischen Mutter (z. B. indem sich mehrere Frauen oder der Vater oder ältere Geschwister um das Kind kümmern) oder deren Substituierung (z. B. durch eine Amme). Offenbar sind Eltern in aller Welt bestrebt, ihren Kindern sowohl die Erfahrung von Verbundenheit als auch die Erfahrung von Autonomie zu ermöglichen. Das Verständnis von Bindung und Autonomie jedoch sowie die Formen der Ausgestaltung der Bindungserfahrung sind in starkem Ausmaß kulturspezifisch geprägt (vgl. Keller 2011; Rothbaum/Trommsdorff 2007). Außerdem kann das Bindungsverhalten von den Lebensumständen der Familien (z. B. Armut) oder vom Gesundheitszustand der Mutter (z. B. Depression, Behinderung, Abhängigkeit) beeinflusst bzw. beeinträchtigt werden.

Was hier am Beispiel des Bindungsverhaltens aufgezeigt wurde, gilt entsprechend für alle Aspekte des Lebenslauf begleitenden pädagogischen Beziehungsgeschehens. Schon mehrfach ist beispielsweise auf die geschichtlichen Wandlungen hingewiesen worden, die sich in den familialen Generationenbeziehungen („vom Befehlshaushalt zum Verhandlungshaushalt"), im Familienrecht (von der „elterlichen Gewalt" zur „elterlichen Sorge") sowie in den Beziehungen zwischen pädagogischen Fachkräften und Kindern bzw. Jugendlichen vollzogen haben.

Die enorme Formenvielfalt familialer Generationenbeziehungen lässt sich nicht nur auf der Grundlage der historischen, sondern auch auf der Grundlage der interkulturellen Vergleichsforschung nachweisen (z. B. Liegle 1987; Bertram/Ehlert 2011; Trommsdorff/Mayer 2011).

Auch die wissenschaftliche Theoriebildung und Forschung bzw. deren Autoren sind in ihren Vorstellungen und Bewertungen der untersuchten Wirklichkeit nicht unberührt geblieben von den jeweiligen historischen und sozio-kulturellen Kontextbedingungen. Am Beispiel von zwei weltweit anerkannten und wirksamen Psychologen des 20. Jahrhunderts – Jean Piaget und Lev Vygotskij – lässt sich dies illustrieren:

Beide Psychologen sind im selben Jahr – 1896 – geboren. Der Schweizer Jean Piaget ist in einer Gesellschaft aufgewachsen, die einerseits durch das weitgehende Fehlen von Traditionsbrüchen, andererseits durch dezentrale und basisdemokratische politische Strukturen gekennzeichnet war (und ist). Piaget ist in eine Zeit hineingewachsen, die in der Schweiz, wie in ganz Europa (und darüber hinaus), insbesondere durch die Aktivitäten verschiedener sozialer Bewegungen gekennzeichnet war. Dazu zählten die Arbeiterbewegung und die Frauenbewegung, aber auch die so genannte Reformpädagogik bzw. *progressive education* bzw. *education nouvelle* mit ihren vielen Versuchsschulen bzw. Schulversuchen (z. B. zu der von der Schülerschaft getragenen „Schulgemeinde" oder, wie in Janusz L. Korczaks Kinderheim in Warschau, zur Praxis eines „Kindergerichts") sowie die Jugendbewegung, die gegen die alten Autoritätsstrukturen in den Generationenbeziehungen und für eigenständige Lebens- und Ausdrucksformen der jungen Generation kämpfte (z. B. Röhrs 2001). Die Betrachtung der damit angedeuteten, durchaus widersprüchlichen Gemengelage historisch-gesellschaftlicher Faktoren, welche das Jugend- und junge Erwachsenenalter von Jean Piaget geprägt hat, kann dazu beitragen, zwei – ebenfalls widersprüchliche – Merkmale von Piagets Konzeption der menschlichen Entwicklung in ihrem kulturellen Kontext zu verstehen. Zum einen geht es dabei um die Beschreibung der Eltern-Kind-Beziehung im Sinne einer „einseitigen Abhängigkeit" der Kinder von den Erwachsenen; diese Beschreibung bezeugt den „Zeitgeist", sie wird spätestens seit den 60er Jahren des vorigen Jahrhunderts abgelöst durch die Vorstellung reziproker Beziehungsstrukturen im Generationenverhältnis (z. B. Rheingold 1969; Ecarius 2002; Kuczynski/Parkin 2007). Zum anderen geht es dabei, gleichsam spiegelbildlich, um die Beschreibung der Beziehungsstruktur in Gruppen von Gleichaltrigen im Sinne von „Gegenseitigkeit" und „Kooperation". Nach Piaget verläuft der Entwicklungsweg des Menschen von der Heteronomie zur Autonomie, von einer Moral des Zwangs zu einer Moral der Gegenseitigkeit und Übereinkunft. Am Beginn des Entwicklungsganges steht die „einseitige Abhängigkeit" des Kindes von den Erwachsenen; dem entsprechend gibt Piaget in seiner berühmten Studie über das moralische Urteil beim Kinde dem zweiten Kapitel die Überschrift „Zwang der Erwachsenen und moralischer Realismus" (Piaget 1932/1973, S. 119). Als denjenigen Faktor, welcher die Entwicklung in erster Linie voranbringt, beschreibt Piaget die Teilnahme der Kinder an den Aktivitäten der Gruppe der Gleichaltrigen; dem entspricht, dass Kapitel 3 der genannten Studie dem Thema „Die Zusammenarbeit und die Entwicklung des Gerechtigkeitsbegriffes" gewidmet ist (a. a. O., S. 223 ff.). Im Raum der – nach Altersjahrgängen gegliederten – Schule sah Piaget, in Übereinstimmung mit der zeitgenössischen „Reformpädagogik", den wichtigsten Entwicklungsfaktor in Formen der kollektiven Selbstbestimmung der Schülerschaft (*self-government*; vgl. a. a. O., S. 401–421).

Lew Vygotskij ist in Russland in einer Zeit aufgewachsen, in welcher die russische Gesellschaft die tiefgreifendste und folgenreichste Umwälzung ihrer Geschichte erfahren hat.

Die von Lenin und den Bolschewiki organisierte Oktoberrevolution 1917 hat die vom Staat und der kommunistischen Einheitspartei initiierte und kontrollierte Umgestaltung aller Lebensbereiche nach Maßgabe der Lehren des Marxismus-Leninismus eingeleitet. Diese philosophische bzw. ideologische Orientierung hat auch die schulischen und universitären Lernprozesse Vygotskijs bestimmt. Wie seine Schriften belegen, hat sich Vygotskij allerdings nicht nur mit dem Marxismus-Leninismus, sondern mit allen zeitgenössischen wissenschaftlichen Theorien und Forschungsrichtungen, z. B. mit Sigmund Freuds Psychoanalyse und Jean Piagets Kogitionspsychologie beschäftigt und diese in seine eigenen empirischen bzw. experimentellen Untersuchungen integriert.

Diese Integrationsleistung bildet die Grundlage dafür, dass Vygotskij bis heute und weltweit, insbesondere in den USA, als Begründer der „kulturhistorischen Schule“ hochgeschätzt und rezipiert wird.

Vygotskij wählte zum Ausgangspunkt seiner psychologischen Forschung die These, dass zwischen dem *inter*personellen Geschehen, das sich gleichsam auf der äußeren Bühne einer gemeinsamen Lebensführung und Tätigkeit von Personen abspielt, und dem *intra*personellen Entwicklungsgeschehen, welches sich gleichsam auf der inneren Bühne der individuellen Person abspielt, ein enger Zusammenhang besteht. Der Zusammenhang zwischen Beziehungs- und Entwicklungsgeschehen wird demnach von Vygotskij so interpretiert, dass das *inter*personelle Beziehungsgeschehen die Voraussetzung und Grundlage des *intra*personalen Entwicklungsgeschehens bildet. Den Prozess, der das Beziehungsgeschehen zum Entwicklungsprozess werden lässt, nennt Vygotskij „Verinnerlichung“ („Interiorisation“). In diesem Interiorisationsprozess, den man nach Vygotskij als einen aktiven Lernprozess zu verstehen hat, der in der frühen Kindheit einsetzt und hier einen ersten Höhepunkt erlangt, bildet sich das menschliche Bewusstsein. Die Strukturen der höheren psychischen Funktionen sind nach Vygotskij „gewissermaßen ein Abguss der kollektiven, der sozialen zwischenmenschlichen Beziehungen“ (Keiler 2002, S. 200). Mit seinen Thesen zur *inter*psychischen Hervorbringung *intra*psychischer Strukturen und Funktionen liefert Vygotskij gleichsam eine psychologische Version des berühmten Satzes von Marx „Das gesellschaftliche Sein bestimmt das Bewusstsein“ sowie der Maxime von Marx in den Thesen über Feuerbach, das menschliche Wesen sei in seiner Wirklichkeit das „Ensemble der gesellschaftlichen Verhältnisse“.

3.10 Erziehung und Bildung als dialogisches Geschehen: Die Kategorie des „Zwischen“

Vom späten Hölderlin ist der Satz überliefert, dass „ein Gespräch wir sind und hören können voneinander“. Zwei Aspekte dieses Dichterwortes finde ich besonders bemerkenswert: Zum einen formuliert Hölderlin nicht, wie es üblich wäre, dass wir ein Gespräch „führen", sondern dass wir ein Gespräch „sind". Hölderlins Verständnis eines Gesprächs beinhaltet demnach nicht nur Verständigung im Medium von Sprache, vielmehr schreibt er dem Gespräch die Bedeutung menschlicher Existenz in der Erfahrung des Gegenüber zu; Mensch-Sein meint hier, dass es zwischen (zwei) Personen eine wechselseitige Bezogenheit aufeinander gibt.

Zum anderen bezeichnet Hölderlin das Gespräch an erster Stelle nicht, wie zu erwarten wäre, als Akt des Sprechens, sondern als Akt des Hörens. Damit bringt er vermutlich die Überzeugung zum Ausdruck, dass existentiell bedeutsame Kommunikation die Überwindung der üblicher Weise dominanten Ich-Bezogenheit zur Voraussetzung hat; wenn der Vorrang beim Sprechen des Du liegt, tritt beim Ich nicht das Sprechen, sondern das Hören ins Zentrum.

Es mag auf den ersten Blick verfehlt erscheinen, das angeführte Dichterwort auf die Sphäre des pädagogischen Beziehungsgeschehens zu übertragen. Dies würde nämlich bedeuten, Erziehung – sei es im Sinne von Pflege und Betreuung, im Sinne von Unterricht oder im Sinne der „Aufforderung zur Bildung" (s. Kapitel 2.4) – als Antwort auf die Signale und Lebensäußerungen, Bedürfnisse und Interessen der Kinder zu verstehen. Ein solches Verständnis von Erziehung (s. Liegle 2001) wirkt normativ und idealistisch; und in der Tat steht es in deutlichem Widerspruch zur Wirklichkeit des pädagogischen Beziehungsgeschehens in Kindertageseinrichtungen, insoweit diese zum Gegenstand der frühpädagogischen Forschung gemacht worden ist (z. B. König 2009). Andererseits ist nicht zu übersehen, dass in der Profession – und zwar nicht nur im deutschen Sprachraum – immer wieder eine am genannten Erziehungsverständnis orientierte Praxis propagiert und erprobt worden ist und weiterhin erprobt wird; im englischen Sprachraum wird diese Perspektive beispielsweise unter dem Stichwort „responsive teaching and learning" verhandelt (z. B. May 2011; vgl. auch Gutknecht 2012).

Trotz der genannten Bedenken plädiere ich dafür, die durch das Hölderlin-Zitat eröffnete Perspektive in das Ensemble der Theoriebildung und Forschung in der Frühpädagogik aufzunehmen und ihre Fruchtbarkeit zu prüfen. Mit den bislang vorgetragenen Überlegungen und Argumenten habe ich dieses Plädoyer schon vorbereitet. Denn die das vorliegende Werk leitende Idee besagt: Diejenigen Prozesse, welche in der wissenschaftlichen Pädagogik unter Begriffen wie Betreuung, Erziehung, Sozialisation, Bildung, Lernen und Entwicklung thematisiert werden, können nicht verdinglicht, sondern nur in der Perspektive eines zwischen Personen ablaufenden Geschehens angemessen verstanden werden. Statt von einem Beziehungsgeschehen kann man auch von einem kommunikativen oder dialogischen Geschehen sowie von Prozessen der Interaktion und Kommunikation, von „Kooperation" (Tomasello 2010) oder auch von „Ko-konstruktion" (Dahlberg/Moss/Pence 1999; Fthenakis 2003) sprechen. Entscheidend ist der Gedanke: Pädagogische Praxis, die wir mit den genannten Begriffen beschreiben, lässt sich nicht jeweils der einen (z.B. der erziehenden) oder der anderen (z.B. der lernenden) Person zuschreiben. Vielmehr nimmt die pädagogische Praxis den Status eines „Zwischen" ein – dies ist eine zentrale Kategorie in Martin Bubers philosophischer Begründung des „dialogischen Prinzips" (Buber 1997). Damit ist gemeint, dass pädagogische Praxis hervorgeht aus bzw. ihr Medium findet in der wechselseitigen Bezogenheit von Personen sowie aus bzw. in deren gemeinsamer Bezogenheit auf ein Drittes. Für den Religionsphilosophen Buber wird dieses Dritte durch das „absolute Du" des biblischen Gottes repräsentiert. Ansonsten kann dieses „Dritte" bzw. „Zwischen" vielfältige Gestalt annehmen, beginnend mit der gemeinsamen, Kommunikation ermöglichenden Sprache bis hin zu den verschiedensten Aspekten und Inhalten menschlicher Kultur. Im Rahmen von Institutionen der Erziehung und Bildung steht beispielsweise der Lehrplan für jenes „Dritte", auf welches die kommunikativen Prozesse des Lehrens und Lernens bezogen sind: Die Kategorie des „Zwischen" wird, wie ich meine, auch angesprochen, wenn Tomasello (1999) von „gemeinsamer Aufmerksamkeit" sowie von „geteilter" bzw. „Wir-Intentionalität" (Tomasello 2010, S. 43) spricht oder Winnicott (2006) vom „intermediären Raum".

Mit der Reflexion und (theoretischen sowie empirischen) Analyse des „dialogischen Prinzips" einschließlich der Kategorie des „Zwischen" könnte die Frühpädagogik an eine Tradition anknüpfen, die ihren Ursprung in den sprachphilosophischen und anthropologischen Schriften Wilhelm von Humboldts hat und die unter anderen im dialogischen Prinzip Martin Bubers und dessen Übertragung auf das erzieherische Beziehungsgeschehen (Buber 1953 und 1997) sowie in der „kommunikativen Didaktik“ von Schaller (1973), die auf einer Verbindung der Sozialphilosophie Martin Bubers mit derjenigen von Jürgen Habermas aufbaut, weitergeführt wurde.

Diese Tradition und die aktuelle Bedeutung des dialogischen Denkens gehören nicht zum gegenwärtigen erziehungswissenschaftlichen Lehrbuchwissen. Aus diesem Grund benenne ich – weitgehend unter Verzicht auf wörtliche Zitate – einige Grundgedanken, welche einerseits dieser Tradition ihr besonderes Profil gegeben haben, die andererseits, wie kundige Leser/innen feststellen werden, eine Reihe von Parallelen zu anderen sozial- und verhaltenswissenschaftlichen Theorie-Ansätzen aufweisen, die freilich andere Begriffe verwenden.

Wilhelm von Humboldts Konzept des Dialogs (einschließlich der Kategorie des Zwischen) kreist um das Phänomen der Sprache und die Bedeutung der Sprache nicht nur für die zwischenmenschliche Verständigung, sondern darüber hinaus für Welterkenntnis und Selbsterkenntnis. (vgl. Humboldt 1980, Burkhardt 1987). Die Sprache liegt nach Humboldt in der Mitte zwischen der äußeren Erscheinungswelt und der Innenwelt des Menschen. Selbsterkenntnis bedeutet, sich in einem Entgegengesetzten eines anderen erkennen zu können, und die Selbsterkenntnis in einem anderen hat den von Sprache geprägten Dialog zur Voraussetzung. Das Ich vermag sich nach Humboldt nur in einem dialogischen Geschehen, d. h. in der freien Erwiderung freier Zuwendung, zum Subjekt zu bilden An Stelle von „objektiver“ Wahrheit spricht Humboldt von Wahrheit als einem Prozess, der sich zwischen menschlichen Subjekten ereignet.

In *Martin Bubers* Philosophie des Dialogs kommt die Vorstellung einer auf Gegenseitigkeit und Zweckfreiheit beruhenden existentiellen Begegnung zwischen Ich und Du zentrale Bedeutung zu (Buber 1997). Um ein Beispiel zu geben: Die Liebe, so Buber, haftet dem Individuum nicht an, sodass sie das Du nur zum ‚Inhalt‘ oder Gegenstand hätte, sie ist vielmehr *zwischen* Ich und Du.

Eine interessante Weiterentwicklung der mitteleuropäischen Tradition des dialogischen Denkens in Richtung auf eine kulturhistorische bzw. sozio-kulturelle Theorie des Dialogs lässt sich in den Schriften des russischen Psychologen Lew Vygotskij entdecken. Einige seiner Grundgedanken lassen sich wie folgt zusammenfassen (vgl. Vygotskij 2003; Keiler 2002):

Vygotskij betrachtet Entwicklung als ein *intra*psychisches Geschehen, welches hervorgeht aus einem *inter*psychischen bzw. *inter*personellen Geschehen. Das gleichsam auf der äußeren Bühne ablaufende zwischenmenschliche Beziehungsgeschehen bildet nach Vygotskij die Voraussetzung für das gleichsam auf der inneren Bühne ablaufende individuelle Entwicklungsgeschehen. Der Übergang von der äußeren zur inneren Bühne, vom interpsychischen zum intrapsychischen Geschehen kommt nach Vygotzkij durch „Verinnerlichung" (*interiorization*) zustande. Diese Vorstellung vertritt Vygotskij auch bei der Bestimmung des Verhältnisses zwischen Sprache und Denken: das Denken repräsentiert gleichsam ein inneres Sprechen (mit sich selbst), welches aus dem zwischenmenschlichen Sprechen hervorgeht. Indem Vygotskij die höheren psychischen Funktionen als eine Art Abguss der kollektiven, sozialen, zwischenmenschlichen Beziehungen beschrieb und analysierte, begründete er eine sich marxistisch verstehende Entwicklungspsychologie.

Aufschlussreich ist die Entdeckung, dass es eine gewisse systematische Nähe zu geben scheint zwischen der Position Vygotskijs und Positionen der heutigen Hirnforschung. So widmet sich Wulf Singer (2002b) in seinem Essay „Vom Gehirn zum Bewusstsein" der, wie er selbst sagt, wohl schwierigsten der Fragen, die gegenwärtig im Grenzgebiet zwischen Neurobiologie und Philosophie verhandelt werden, der Frage nämlich, „ob wir innerhalb neurobiologischer Beschreibungssysteme angeben können, wie unsere Selbstkonzepte entstehen, unser Ichbewusstsein und unsere Erfahrung, ein autonomes Agens zu sein, das frei ist zu entscheiden" (Singer 2002, S. 73). Singer verneint diese Frage, und zwar mit dem Argument, dass sich die neurobiologischen Beschreibungssysteme bislang ausschließlich an der naturwissenschaftlichen Analyse einzelner Gehirne orientiert haben. Eine derartige Analyse genüge jedoch nicht, wenn es um die Erklärung von Ich-Erfahrung und Ichbewusstsein gehe. Diese müssten vielmehr als „soziale Zuschreibungen" bzw. „soziale Realitäten" verstanden werden, die aus dem „Dialog von Gehirnen" hervorgehen (ebenda) und sich insoweit der „kulturellen Evolution" verdanken. Es ist demnach „der Dialog, der den Individuationsprozess erst möglich macht" (Singer 2002b, S. 74), und dieser Dialog vollzieht sich bereits in der frühesten und *frühen Kindheit* im Medium der intensiven Beziehungen zwischen dem Kind und seinen erwachsenen Bezugspersonen, und zwar unbewusst und nicht erinnerbar. Für die Dialogfähigkeit und die in Dialogen aktivierte Lernfähigkeit des heranwachsenden menschlichen Individuums gibt es nach Singer allerdings nicht nur soziale bzw. kulturelle, sondern auch neurobiologische Voraussetzungen: Im Verlaufe der sowohl biologisch als auch kulturell geprägten Evolution muss das menschliche Gehirn die Fähigkeit entwickeln, „Protokoll zu führen über hirninterne Prozesse, diese in Metarepräsentationen zu fassen und deren Inhalt über Gestik, Mimik und Sprache anderen Gehirnen mitzuteilen; und, zweitens, die Fähigkeit, mentale Modelle von den Zuständen der je anderen Gehirne zu erstellen, eine *theory of mind* aufzubauen, wie die Angelsachsen sagen" (a.a.O., S. 73).

Die skizzierten Positionen von Humboldt, Buber, Vygotskij und Singer lassen im Ganzen den Eindruck entstehen, dass mit den Konzepten des Dialogs und des „Zwischen" Aspekte der Verbundenheit und Gemeinsamkeit in zwischenmenschlichen Beziehungen angesprochen werden. Bei genauer Lektüre wird man jedoch feststellen können, dass diesen Begriffen keineswegs Eindeutigkeit anhaftet, sondern Mehrdeutigkeit. Dies zeigt sich schon bei Humboldt, wenn er die „Individualität des Verstehens" als Grund dafür anführt, dass „alle Übereinstimmung in Gedanken und Gefühlen zugleich ein Auseinandergehen" sei oder wenn er – um dieses schöne Bild aufzugreifen – vom Verstehen sagt, dass Menschen im Gespräch „dieselbe Taste ihres geistigen Instruments anschlagen, worauf alsdann in jedem entsprechende, nicht aber dieselben Begriffe hervorspringen" (Humboldt Werke Band VI, S. 183).

Noch stärker wird die Mehrdeutigkeit der Kategorie des Zwischen in Beiträgen zur Weiterentwicklung der dialogischen Philosophie und Pädagogik im englisch-amerikanischen Sprachraum herausgearbeitet. Das zeigt sich schon an den verschiedenen Übersetzungen des Begriffs „Zwischen": Einmal lautet sie wörtlich „in between", ein andermal „gap", was als „Abstand" rückzuübersetzen wäre. Dem entsprechend werden mit dem Begriff einerseits Nähe, Verbundenheit und Vertrautheit, andererseits Distanz, Getrenntheit und Fremdheit angesprochen. Gerade dann, wenn die Kategorie des Zwischen auf das pädagogische Beziehungsgeschehen, auf Perspektiven einer „Beziehungspädagogik" (z.B. Bingham/Sidorkin 2010) angewandt wird, rückt die Mehrdeutigkeit dieser Kategorie ins Zentrum der Aufmerksamkeit; ein Beispiel dafür ist die Abhandlung von McDaniel (2010), in welcher die Besonderheiten von erzieherischen Beziehungen im Sinne eines Spannungsverhältnisses zwischen „Fremden“ und „Seelenverwandten“ bestimmt werden (a.a.O., S. 91–102). In die gleiche Richtung weist der Beitrag von Biesta (a.a.O., S. 11–22); wie der Titel – „mind the gap“ – andeutet, geht es hier um einen Aspekt der pädagogischen Ethik, nämlich den Respekt vor der Einzigartigkeit, Andersheit und Nichtverfügbarkeit des Kindes, dem in der „Beziehungspädagogik“ große Bedeutung für eine am Kind orientierte Gestaltung erzieherischer Beziehungen zugeschrieben wird. In diesem Zusammenhang liegt es nahe, eine Brücke zu schlagen zu dem oben zitierten Satz von Hölderlin, in welchem als Grundlage und primäre Ausdrucksform des „Gesprächs“ das Hören (und nicht das Sprechen) beschworen wird. Eine dialogisch orientierte Erziehung, so könnten wir resümieren, beginnt mit dem Hören auf die Lebensäußerungen des Kindes (bei den Klassikern der Pädagogik war in diesem Zusammenhang von „Beobachtung“ die Rede). Dabei geht es in erster Linie darum, die Möglichkeiten, aber auch die Grenzen des Verstehens des Kindes zu reflektieren (vgl. Liegle 2006, S. 11–33).

Die Kategorie des „Zwischen“ vereinigt in sich, wie ein Prisma, die Brennpunkte meiner Konzeption der Frühpädagogik: Sie beschreibt die Prozesse der Erziehung und Bildung als Beziehungsgeschehen, und zwar eines, das auf Gegenseitigkeit bzw. Wechselseitigkeit beruht; eines, das jede direkte Übertragung, Vermittlung, Belehrung oder anderweitige direkte und nur in einer Richtung – vom Erwachsenen zum Kind – verlaufende Beeinflussung ausschließt; und eines, das – wie alle soziale Praxis intensiver und dauerhafter Beziehungen – auf Ambivalenz bzw. Mehrdeutigkeit angelegt ist.

Da ich die Kategorie des Zwischen in den letzten Abschnitten ausschließlich am Beispiel interpersoneller Beziehungen erörtert habe, sollte ich mit Blick auf die Brennpunkte meiner Konzeption der Frühpädagogik hinzufügen: Wenn man das pädagogische Beziehungsgeschehen angemessen analysieren will, wird man sich nicht auf die Dynamik der interpersonellen Beziehungen und die in diesen ablaufenden Prozesse beschränken können. Man muss vielmehr in Rechnung stellen, dass das dialogische Beziehungsgeschehen – und das meint auch: das „Zwischen“ – in struktureller wie auch inhaltlicher Hinsicht durch je spezifische Bedingungen der historischen Zeit, der kulturellen Überzeugungen und Routinen sowie der Gesellschaftsverfassung modifiziert wird. Ein Beispiel dafür bietet die historische sowie die gesellschaftliche bzw. (sub-)kulturelle Vielgestaltigkeit der Eltern-Kind- und, allgemeiner gefasst, der Generationenbeziehungen, von welcher in den voraufgehenden Teilkapiteln die Rede war.

Im letzten Kapitel (Kapitel 5) stelle ich Ansätze einer dialogisch orientierten „Beziehungspädagogik" zur Diskussion. Dabei wird die Kategorie des Zwischen in pragmatischer Hinsicht, z. B. als Grundlage didaktischer Überlegungen und Praktiken (vgl. König 2010) wichtig.

4

Institutionalisierung von Betreuung und Erziehung: Kinder im Schnittfeld von Familie und Tageseinrichtung

Es hat sich als fruchtbar erwiesen, Kindheit in der Perspektive der Koevolution von menschlicher Biologie und Kultur zu betrachten (s. oben Kapitel 1.1–1.7). Im Licht dieses Deutungsmusters erscheint die Institutionalisierung der Erziehung als eine bemerkenswerte Ausdrucksform der *kulturellen* Evolution (s. oben Kapitel 1.2).

In diesem Kapitel werden Aspekte der Institutionalisierung von Betreuung und Erziehung nicht allein am Beispiel der Tageseinrichtungen für Kinder erörtert, sondern auch am Beispiel der Familie. Darin liegt auf den ersten Blick ein Widerspruch, zumal im Verlauf des Kapitels auch Gemeinsamkeiten und Unterschiede sowie die Wechselbeziehung zwischen „familialer" und „institutioneller" Erziehung behandelt werden. Dieser vermeintliche Widerspruch löst sich weitgehend auf, wenn man die evolutionstheoretische Betrachtungsweise in Rechnung stellt, welche in allen Kapiteln dieses Buches als ein aufschlussreiches Deutungsmuster herangezogen wird. In dieser Perspektive stellen familiale oder familienähnliche Lebensformen – in einer großen Vielfalt sozialer Gestalten von der Mutter-Kind-Beziehung bis hin zu größeren Verbänden wie z. B. dem Stamm bzw. der Stammesgesellschaft – die phylogenetisch älteste und bis heute weltweit verbreitetste Form der Institutionalisierung von Pflege-, Betreuungs- und Erziehungsaufgaben dar; besonders deutlich wird dies bei der Organisation der unmittelbar vor und nach der Geburt wahrgenommenen Sorge (*care*) für den menschlichen Nachwuchs sowie bei der Brutpflege bei vielen Tierarten. Familiale Lebensformen können insofern als ein Musterbeispiel für „soziale Institutionen" sowie, bezogen auf den Menschen, für die „Koevolution von menschlicher Biologie und Kultur" (Tomasello 2010) gelten.

Dass Kinder in ihrer Herkunftsfamilie aufwachsen und gleichzeitig eine Tageseinrichtung besuchen, erscheint uns heute als eine Selbstverständlichkeit. Tatsächlich jedoch ist die Herausbildung der zwei Welten der Kindheit ein Produkt der Moderne. Voraussetzung für die Entstehung und Entwicklung einer zwischen Familie und öffentlichen Institutionen aufgeteilten Erziehung sind der tiefgreifende Wandel der Gesellschaften (s. unten) sowie, in diesem Zusammenhang, die Pädagogisierung der Kindheit, und zwar in jener zweifachen Gestalt, die Philippe Aries (1975) in seiner „Geschichte der Kindheit" beschrieben hat: in Gestalt der Etablierung eines öffentlichen Systems der Erziehung und Bildung, dessen Kernbereich zunächst die Schule – insonderheit die Pflichtschule – darstellt (*scolarization*); und im Sinne der Definition der Familie als Ort einer Umgangserziehung, die jedoch zunehmend von einer bewussten Einstellung auf das Kind und durch Formen des Wissens – vermittelt über Ratgeberliteratur und Elternbildung – bestimmt wird (*familialization*).

Die Verbindung von privater und öffentlicher Erziehung ist einerseits ein aufschlussreiches Thema der wissenschaftlichen Analyse; denn es kommt darin das übergreifende Verhältnis zwischen Privatsphäre und öffentlichem Raum zum Ausdruck, das in verschiedenen Gesellschaften sehr unterschiedlich ausgeprägt ist. Andererseits stellt die Herausbildung der zwei Welten der Kindheit für die Kinder den sozialen Kontext bzw. die sozialen Kontexte ihres Aufwachsens dar. Für die praktische Pädagogik liegt darin eine große Herausforderung; denn das

Verhältnis zwischen diesen beiden Welten sollte so gestaltet werden, dass sie zum Wohl der Kinder zusammenwirken (s. 4.4 und 4.5).

In vormodernen, „segmentären" Gesellschaften hat es die zwei Welten der Kindheit und die Trennung zwischen privater und öffentlicher Sphäre noch nicht gegeben.

Wenn wir von der *„Moderne"* und von Modernisierung sprechen, so beschreiben wir mit diesen Begriffen einen tiefgreifenden und bis in die Gegenwart anhaltenden Wandlungsprozess der Gesellschaft. Er erfasst eine Vielzahl von Phänomenen, wie beispielsweise die Entwicklung neuer Produktionsmittel und Produktionsformen und die dadurch ermöglichte zunehmende Arbeitsteilung; die „Auswanderung" der Erwerbsarbeit aus dem Familienhaushalt und die Entstehung eines Fabrik- und eines Dienstleistungssystems; die Entstehung von weiteren spezialisierten Handlungsbereichen, zu welchen neben der Arbeitswelt das Rechtssystem, das Gesundheitssystem und eben auch das Erziehungssystem gehören. Diese Handlungssysteme geraten unter die Regie und Kontrolle des modernen Nationalstaats oder gesellschaftlicher Korporationen und Akteure. Und all dies bringt eine Trennung von Privatsphäre und öffentlichem Raum hervor, eine Trennung, welche die Familie zu einem intimen Beziehungssystem werden lässt.

Die Etablierung einer öffentlichen Erziehungswelt für Kinder betrifft zunächst die Schule, insbesondere die Pflichtschule für alle Kinder; mit einer gewissen zeitlichen Verschiebung betrifft sie auch die vorschulische Kindheit.

Auf dem Hintergrund dieser Entwicklungen ist das Verhältnis zwischen Familienerziehung und professionell-institutioneller Erziehung zu einem Dauerthema der pädagogischen Praxis, der pädagogischen Wissenschaft und der auf Erziehung und Bildung bezogenen Politik geworden; die derzeit in Deutschland ausgetragene öffentliche Debatte über den Krippenausbau einerseits und das „Betreuungsgeld" andererseits bietet dafür ein anschauliches Beispiel.

4.1 Familienkindheit und elterliche Erziehung

Den lebensgeschichtlich ersten und kontinuierlichsten sozialen Kontext der Erziehungs-, Bildungs- und Entwicklungsprozesse in der frühen Kindheit stellt weltweit das Verwandtschaftssystem dar, d. h. die Familie in einer großen Vielfalt von Lebensformen oder auch die am Familienprinzip orientierten Gemeinschaftsformen der Sippe, des Clans oder Stamms.

Alltagserfahrung und Forschungsbefunde sprechen dafür, dass der Familie eine fast schicksalhafte Bedeutung für die Erziehung und Bildung der Kinder zukommt, und dies gilt sowohl im Positiven als auch im Negativen. Wenn man freilich nach Erklärungen für den besonderen Stellenwert der Familie als Ort der Erziehung und Bildung fragt, stößt man darauf, dass es zu dieser Frage wenig gesichertes (erziehungs-)wissenschaftliches Wissen gibt (Liegle 2005). Es lassen sich indes drei Faktoren für die besondere Wirkungskraft der Familienerziehung benennen, und es ist davon auszugehen, dass diese im Alltag zusammenwirken.

Einen ersten Faktor stellen genetische Einflüsse dar, also die Transmission von Anlagen der Großeltern- und Elterngeneration auf die Kindergeneration.

Der zweite Faktor betrifft das zeitliche Primat (vorgeburtlich bzw. nachgeburtlich) und die Dauerhaftigkeit der nicht-genetischen Lernprozesse im Lebenslauf, welche der Familie einen hervorgehobenen Stellenwert einräumen. Unter dem Aspekt der lebensgeschichtlichen Zeit liegt die besondere Bedeutung der Familie darin, dass sie die zeitlich *erste* Instanz der Erziehung und Bildung im Lebenslauf der Kinder darstellt. Außerdem stellt die Familie aber auch – mehr als jede andere Instanz – die *überdauernde Umwelt* des Kindes dar (Brake/Büchner 2006, Wissenschaftlicher Beirat 2002). Dabei ist zwar zu berücksichtigen, dass sich für viele Kinder insbesondere aufgrund der Auflösung der Ehe ihrer Eltern die Zusammensetzung ihrer Familie während ihrer Kindheit verändert; die überwältigende Mehrheit der Kinder (etwa 80 %) wächst jedoch auch heutzutage mit ihren beiden, miteinander verheirateten Eltern auf.

Den dritten und wichtigsten Faktor für die hervorgehobene Bedeutung der Familienerziehung stellen vermutlich die besonderen Merkmale der Familie als *intimes Beziehungssystem* dar: Wenn die PISA-Studie – in Übereinstimmung mit früheren Untersuchungen – belegt, dass den frühen Bildungserfahrungen der Kinder in ihren Familien eine große Bedeutung auch für den Kompetenzerwerb im Jugendalter zukommt, so kann man dafür die Tiefen- und Langzeitwirkungen jener Lernprozesse verantwortlich machen, die von den besonderen Merkmalen des intimen Beziehungssystems der Familie geprägt werden (vgl. Büchner/Brake 2006, Wissenschaftlicher Beirat 2002). Offenbar bilden Familienbeziehungen jenen nachgeburtlichen „sozialen Schoß", den der menschliche Nachwuchs braucht, um sich „normal" entwickeln zu können (s. 3.8).

Die hervorgehobene Bedeutung der Familienerziehung wird auch durch die Befunde der nationalen und internationalen *Wirkungsforschung* bestätigt. Diese richtet ihr Augenmerk zwar in erster Linie auf die familienergänzende Erziehung und Bildung in Kitas, sie bezieht aber auch die Qualität der Familienerziehung und deren Auswirkung auf die Entwicklungs- und Bildungsprozesse der Kinder ein (Tietze 1998, Tietze/Rossbach/Grenner 2005). Die zuletzt genannten Studien belegen, dass den Familienbeziehungen und der Familienerziehung ein wesentlich stärkeres Gewicht und eine nachhaltigere Wirkung zukommen als der institutionellen Erziehung; dieser Befund ist auch in der frühpädagogischen Forschung im angelsächsischen Sprachraum in groß angelegten Langzeitstudien bestätigt worden (z. B. Belsky 2010). Bemerkenswert sind in diesem Zusammenhang auch die Erfahrungen, die mit Versuchen einer kompensatorischen Erziehung gemacht worden sind, zum Beispiel im Rahmen des Head-Start-Projektes in den USA: Zwar können Kinder aus armen und bildungsschwachen Familien von qualitativ hochstehender institutioneller Erziehung vergleichsweise am meisten profitieren, die Wirkung dieser familienergänzenden Förderung hält jedoch im weiteren Lebens- und Bildungsverlauf der Kinder nur unter der Bedingung an, dass auch die Rahmenbedingungen (z. B. Erwerbsarbeit, Wohnung, Gesundheit) sowie das pädagogische Beziehungsgeschehen (z. B. Gespräche und Spiele) in den Familien dieser Kinder zum Positiven verändert werden können (Bronfenbrenner 1987, Chazan-Cohen et al. 2007).

Die vorrangige Bedeutung der Familienerziehung im Vergleich zur institutionellen *Erziehung* lässt sich, ganz unerwartet, auch in *„kollekti-*

vistischen" Gesellschaften beobachten. Insbesondere in den Kibbutzim in Israel, aber auch in den staatssozialistischen Gesellschaften (z. B. Russland und DDR) hat sich trotz der überwiegend institutionellen Betreuung und Erziehung der Kinder in den diesbezüglichen Studien des Verfassers (z. B. Liegle 1971, 1975 und 1987) gezeigt, dass die Qualität der Familienbeziehungen und der Familienerziehung den wichtigsten Faktor der kindlichen Entwicklung darstellt, und zwar sowohl im Hinblick auf die Anregung und Förderung der Entwicklung als auch im Hinblick auf seelische Störungen und soziale Probleme bei den Kindern.

4.2 Die Kindertageseinrichtung als sozialer Ort der Erziehung, Betreuung und Bildung

Bildungskonzepte für den Vorschulbereich sind keine Erfindung der Gegenwart oder des zwanzigsten Jahrhunderts. Sie haben vielmehr eine Geschichte, die so alt ist wie die Institutionalisierung vorschulischer Erziehungsprozesse in Gestalt des Kindergartens (vgl. z. B. Konrad 2012). Bei Pestalozzi werden Konzepte zur Anregung von Bildungsprozessen umschrieben mit dem Leitmotiv „Das Leben erzieht" (Pestalozzi 1797/1946, S. 313 ff.). Damit hat Pestalozzi nicht das Leben schlechthin gemeint, nicht den „wilde(n) Boden des herumlaufenden Lebens", sondern das inszenierte, pädagogisch vorbereitete und angeleitete Leben in der Kultureinrichtung, die er „Wohnstube" genannt hat. Hundert Jahre später hat Bernfeld (1925/1967, S. 28) davon gesprochen, dass „die Schule als Institution erzieht". Was Bernfeld damit gemeint hat, ist bereits in Kapitel 2 im Zusammenhang mit der Klärung des Begriffs der „Sozialisation" (s. 2.6) sowie des Verhältnisses zwischen den Begriffen „Sozialisation" und „Erziehung" (s. 2.7) zur Sprache gekommen: Die „vergesellschaftende" Wirkung von Bildungsinstitutionen geht nicht allein und vielleicht sogar nicht einmal primär von den zweckrational organisierten Formen der Vermittlung von Wissen und Werten aus, sondern auch und vielleicht sogar überwiegend von den Regeln, Routinen und Ritualen, welche den institutionellen Alltag prägen, von einem Ensemble überwiegend unbewusst wirkender Faktoren also, welche unter anderem mithilfe des Konzepts des „heimlichen Lehrplans" beschrieben worden sind (z.B. Zinnecker 1975). Das heißt: Was Kinder in Bildungsinstitutionen lernen, betrifft nicht allein und vielleicht sogar nicht einmal primär jene Inhalte, welche in Lehr- bzw. Bildungsplänen sowie in Lehrbüchern und Lernmaterialien festgeschrieben sind, sondern auch und vielleicht sogar überwiegend die Anpassung an bzw. Auseinandersetzung mit den erwähnten institutionellen Regeln, Routinen und Ritualen sowie die Anpassung an bzw. Auseinandersetzung mit jenen Prinzipien wie beispielsweise Pünktlichkeit, Rücksichtnahme oder Verantwortlichkeit, welche nicht nur im Binnenraum der Bildungsinstitutionen, sondern auch in der umgebenden Gesellschaft Geltung beanspruchen (z.B. das Leistungsprinzip). Auch für die Regeln, Routinen und Rituale trifft zu, dass sie zum einen Teil der inneren Dynamik im Bildungssystem und in dessen Institutionen entspringen, zu einem anderen Teil aber Werte sowie Herrschafts- und Kommunikationsformen der umgebenden Gesellschaft und Kultur spiegeln. Wie bedeutsam die zuletzt genannten Kontextbedingungen sein können, hat beispielsweise eine Vergleichsstudie über Schulen und Unterricht in Russland (in der Ära Gorbatschow) und Deutschland gezeigt: Insbesondere in der Gestaltung der Beziehungen zwischen Lehrern und Schülern (Autoritätsgefälle, Grad der Formalität, Höflichkeitsrituale wie etwa das Aufstehen der Schulklasse beim Eintreten des Lehrers und dessen gemeinsame Begrüßung) konnten viele und große, von jeweiligen politischen Systembedingungen geprägte Unterschiede dokumentiert werden (Glowka u.a. 1995).

Was hier am Beispiel der Schule illustriert wurde, gilt unter anderen Vorzeichen – z.B. fehlen hier die Merkmale Besuchspflicht, Noten und Zeugnisse – auch für Kindertageseinrichtungen. Auch sie stellen ein Beispiel für institutionalisierte Erziehung bzw. organisierte Sozialisation dar (vgl. 2.7). Auch hier werden die Kinder nicht nur durch die an Bildungsprogrammen orientierten Erziehungs- und Bildungsprozesse sowie das planvolle und gezielte professionelle Handeln der Erzieherinnen beeinflusst, sondern auch durch ihre Teilnahme am Alltag der Institution, der von bestimmten Aktivitäten, Regeln, Routinen und Ritualen geprägt wird. Auch hier gilt: Nicht nur die Erzieherin erzieht, auch die Tageseinrichtung *als Institution* „erzieht" (funktional) bzw. hat sozialisatorische Bedeutung. Ein gutes Beispiel für die diesbezügliche frühpädagogische Sozialisationsforschung bietet die Studie von Schmidt (2004). Sie widmet sich in Gestalt eines ethnographischen Berichts der Bedeutung räumlicher Ordnung (z. B. „Funktionsbereiche") in Kindertageseinrichtungen für das Freispiel. Es wird aufgezeigt, dass und wie die Erzieherinnen – z. B. im Rahmen des Konzepts der „offenen Arbeit" –, aber auch die Kinder die räumliche Ordnung hervorbringen. Auf diese Weise erscheint die häufig benutzte Formel vom „Raum als ‚dritter Erzieher'" in einem neuen und facettenreichen Licht.

Die erwähnte Studie ist auch deshalb bemerkenswert, weil sie in der deutschen Frühpädagogik erstmals eine Forschungsperspektive verfolgt, die im anglo-amerikanischen Sprachbereich in den letzten Jahrzehnten starke Aufmerksamkeit gefunden hat: Die Erziehungs- und Bildungsprozesse in Kindertageseinrichtungen werden als ein Beziehungsgeschehen analysiert, in welchem auch das Handlungsvermögen (*agency*) der Kinder Aufmerksamkeit findet (z. B. Blank 1983; May 2011). Der dialogische Ansatz, den ich hier vertrete, stimmt mit dieser Sichtweise überein: Erziehung und Bildung werden als Beziehungsgeschehen verstanden, welches – sei es im Rahmen von Familien oder von Kindertageseinrichtungen – in Prozessen der Kommunikation gemeinsam von den Erwachsenen und den Kindern hervorgebracht sowie, in Verbindung mit den Entwicklungsprozessen, welche die individuellen Akteure durchlaufen, immer wieder neu entwickelt wird. Von diesem dialogisch „hergestellten" Beziehungsgeschehen wird angenommen, dass es einerseits auf den Binnenraum der Familie oder Tageseinrichtung ausgerichtet ist, andererseits aber auf den übergreifenden gesellschaftlichen und kulturellen Kontext, welchem die Familie oder die Tageseinrichtung angehört (s. 3.10). Es wäre angebracht, in der Perspektive meines dialogischen Ansatzes eine auf Kindertageseinrichtungen bezogene Institutionenanalyse zu entwerfen und zur Diskussion zu stellen. Statt dessen verweise ich an dieser Stelle auf entsprechende Vorschläge von Fachkollegen (z. B. Honig 2003 und Honig/Joos/Schreiber 2004) und unternehme im übernächsten Abschnitt den Versuch, über eine auf Kindertsageseinrichtungen gerichtete Institutionenanalyse insofern hinaus zu gehen, als ich die Familie als soziale Institution der Erziehung und Bildung einbeziehe und herausarbeite, welche Gemeinsamkeiten von sowie Unterschiede und Wechselwirkungsformen zwischen Familie und Kindertageseinrichtungen, zwischen privater und öffentlicher Erziehung, sich auf der Grundlage theoretischen und empirischen Wissens benennen lassen (s. 4.4).

4.3 Die Kindertageseinrichtung als sozialer Ort der Kinderkultur und des ko-konstruktiven Lernens

Wenn man danach fragt, wie es zur geschichtlichen Entwicklung frühpädagogischer Angebote im Allgemeinen sowie zu deren gegenwärtiger Hochkonjunktur im Besonderen gekommen ist, so lassen sich mit Blick auf diese Frage, wie bereits zu Beginn der Einleitung sowie in Abschnitt 1.4 angedeutet wurde, insbesondere zwei recht unterschiedliche Perspektiven bzw. Argumentationslinien benennen: zum einen die Rechte, Interessen und Bedürfnisse der Kinder, zum anderen die Interessen der Gesellschaft, beispielsweise das Interesse an einer verbesserten Vereinbarkeit von Familien- und Erwerbstätigkeit im Lebenslauf von Frauen bzw. Müttern und Männern bzw. Vätern oder das Interesse an der Sicherung des künftigen Humanvermögens nach dem Motto „Die Kinder sind unsere Zukunft". Nachdem ich im voraufgehenden Abschnitt die Kinder bereits als aktive Mitgestalter des pädagogischen Beziehungsgeschehens in Kindertageseinrichtungen und Familien beschrieben habe, will ich in diesem Abschnitt die Betrachtung von Kindertageseinrichtungen in der Perspektive der Kinder noch weiter ausbauen. In dieser Perspektive stellt die Kindertageseinrichtung in erster Linie einen „Ort für Kinder" dar, einen sozialen Ort, um es genauer zu formulieren, der es Kindern ermöglicht, ihresgleichen zu treffen und zu begegnen, mit ihresgleichen Freundschaft zu schließen und zu streiten, zu spielen und zu lernen und „spielend zu lernen" (s. oben 2.4).

Das Spiel, insbesondere das Kinderspiel, gehört zu denjenigen Phänomen, die sich weltweit und in allen Geschichtsepochen beobachten lassen, und zwar nicht nur beim menschlichen Nachwuchs, sondern bei allen Primaten. Es ist daher davon auszugehen, dass die Neigung und Fähigkeit zum Spielen beim Menschen phylogenetisch angelegt ist (vgl. Papousek 2003a). Wie bei anderen Phänomenen (s. 3.8 und 3.9), so steht auch beim Kinderspiel die Tatsache der weltweiten und epochenübergreifenden Verbreitung nicht im Widerspruch zu der Tatsache, dass das Spiel eine große kulturelle und geschichtliche Vielfalt z. B. der Formen, der Regeln, der Themen und der Materialien aufweist (z. B. Sutton-Smith 1985). Insbesondere am Beispiel des *Spielortes* lässt sich die Relevanz des Hinweises auf Vielfalt im Kinderspiel für die Frühpädagogik gut aufzeigen: Bis vor wenigen Jahrzehnten war es undenkbar, dass Kinder (im Vorschulalter) am Computer spielen. Umgekehrt gilt, dass im geschichtlichen Prozess viele Spielformen, zum Beispiel Spiele auf der zunehmend vom Autoverkehr geprägten Straße, weitgehend verschwunden sind; partiell ist diese Entwicklung durch die Einrichtung von Kinderspielplätzen kompensiert worden – ein weiteres Beispiel (neben den Tageseinrichtungen) für Maßnahmen der gesellschaftlichen Institutionalisierung der Kindheit. Mit einer gewissen Übertreibung könnte man sagen: Tageseinrichtungen für Kinder erfüllen in der „postmodernen" Gesellschaft (s. Dencik 1989) nicht zuletzt die Funktion von Reservaten für die soziale Praxis des Kinderspiels, und zwar einer nicht nur geduldeten, sondern öffentlich geförderten und professionell begleiteten Praxis. Diese Überlegung bringt die Assoziation mit sich, dass Fröbel die Erzieher(innen) auch „Spielführer(innen)" genannt hat. Was für den Aspekt des Spielortes gesagt wurde, kann man ansatzweise auch für die *Spielpartner(innen)* sagen: Die Tageseinrichtung ist zu demjenigen sozialen Ort geworden, an welchem Vorschulkinder am ehesten die Gelegenheit haben, Mitglied einer Kindergruppe zu werden, Spielkameraden zu finden und Freundschaften zu schließen. Um noch einmal zuzuspitzen: Tageseinrichtungen erfüllen heutzutage die Funktion von Reservaten für die soziale Praxis nicht nur des Kinderspiels, sondern ganz allgemein einer eigenständigen Sozialwelt der Kinder bzw. einer Kinderkultur (vgl. Krappmann 1991). Diese Funktion einer eigenständigen Kinderwelt – auch als einer Art Gegenwelt gegenüber der Sozialwelt der Erwachsenen – hat an Bedeutung auch deshalb zugenommen, weil heutzutage nur noch wenige Kinder in einer Geschwistergruppe aufwachsen; die meisten Kinder wachsen zwar nicht, wie häufig kolportiert wird, als Einzelkinder auf (das gilt nur für 18 %), aber doch mit lediglich 1 Geschwister (das gilt für 48 % in den alten und für 60 % in den neuen Bundesländern).

Wenn wir das Gesagte im Hinblick auf die Akzentsetzung dieses Abschnitts betrachten, so lässt es sich wie folgt zusammenfassen: In der Perspektive der Kinder stellt die Tageseinrichtung einen Ort für Kinder in dem Sinne dar, dass er als Spielort genutzt werden kann und eine Auswahl von Spielkameraden bietet.

Wenn wir auf diesem Hintergrund fragen, wie denn mit Bezug auf Interessen und Bedürfnisse von Kindern (und damit eben nicht nur mit Bezug auf gesellschaftliche Interessen) die Notwendigkeit, zumindest aber die Wünschbarkeit frühpädagogischer Angebote zu begründen wäre, so lautet die Antwort nach allem bislang Gesagten: In der Perspektive der Kinder stellen Tageseinrichtungen diejenigen sozialen Orte und tendenziell die einzigen sozialen Orte dar, wo Kinder ihresgleichen begegnen sowie mit ihresgleichen spielen und zusammenarbeiten und wo sie an einer selbst organisierten und selbst bestimmten Kinderkultur partizipieren können.

Mit den vorgetragenen Argumenten schreibe ich Kindern ein Grundbedürfnis nach Umgang mit ihresgleichen zu. Diese Hypothese habe ich bislang damit begründet, dass das Kinderspiel weltweit und in allen Geschichtsepochen verbreitet sei und phylogenetisch angelegt zu sein scheine (s. oben). Die Frage ist, ob jenseits oder diesseits solcher Begründungen die Kinder selber ihre Bedürfnisse in der angedeuteten Richtung artikulieren. Die diesbezügliche empirische Forschung ist im deutschen Sprachraum erst wenig entwickelt. Immerhin gibt es einige Anhaltspunkte. So hat Bucher (2001) in einer groß angelegten Studie zum Thema „Kindheitsglück“, in welcher 1.319 Schülerinnen und Schüler im Alter von durchschnittlich 11 Jahren befragt und eine Vielzahl autobiographischer Texte ausgewertet worden sind, herausgefunden, dass nach den Familienmitgliedern, insbesondere den Eltern, die Gleichaltrigen häufig als Quelle von Glückserfahrung oder, wenn sie fehlten, als Quelle der Unglückserfahrung genannt wurden. Kennzeichnend dafür waren die folgenden, aus autobiographischen Texten entnommenen Sätze: „Unsre Arbeiten, unsre Vergnügungen, unser Geschmack waren die gleichen. Wir waren allein, waren im selben Alter und jeder von uns bedurfte eines Kameraden. Uns zu trennen hieß auf gewisse Weise so viel wie uns vernichten“ (Bucher 2001, S. 101). „Ein Gefühl der Einsamkeit, das ich freilich mir nicht deutlich zu machen wusste, begleitete mich aus der Stille auch in Geräusch und Lärm. Ich hatte keine eigentlichen Spielkameraden ... Ich sah nicht minder sehnlich den lärmenden Spielen zu, welche die Jugend auf der Straße trieb, und an denen teilzunehmen mir verboten war“ (a.a.O., S. 103).

In einer informellen Befragung, in welcher auf meine Bitte zwei Erzieherinnen insgesamt 50 Kindern die Frage stellten, ob Kinder Kindergärten brauchen, beantworteten fast alle Kinder (außer 4) diese Frage bejahend, allerdings mit ganz unterschiedlichen Argumenten. Jedes zweite Kind nannte als Argument, dass Kinder im Kindergarten ihresgleichen begegnen. Kennzeichnend dafür waren Sätze wie die folgenden: „Ja, um Kinderkonferenz zu machen und Fahrrad zu fahren, Bücher zu lesen und Kochtage zu machen.“ – „Damit ich meinen Freund Tim sehen kann.“ – „Ja, damit kriege ich mehr Freunde. Ich lerne, wie ich zaubern kann und wie man Karunzeln macht“ (Liegle 2001, 340).

Selbstverständlich genügen diese – zumindest soweit das Vorschulalter betroffen ist – wenigen Forschungsbefunde nicht, um zuverlässige Aussagen über die Bedürfnisse von Kindern im Hinblick auf soziale Orte ihres Aufwachsens machen zu können. Aber immerhin gibt es einige empirische Hinweise darauf, dass die in diesem Abschnitt angestellten Überlegungen zur Frage, wie frühpädagogische Angebote in der Perspektive von Kindern betrachtet werden können, nicht ganz abwegig sind.

Zur Beschreibung der Bildungsprozesse in früher Kindheit wird in der Fachsprache auch das Konzept *„Ko-Konstruktion“* herangezogen. Die Brisanz und besondere Fruchtbarkeit dieses Konzepts liegt nach meiner Auffassung – und damit im Gegensatz zu seiner gelegentlichen Anwendung auf alle für Bildungsprozesse relevanten Beziehungen (z.B. Fthenakis 2003) – darin, dass es eine bestimmte Kategorie von Beziehungen in den Blick nimmt, die bereits zur Erläuterung des Erziehungsbegriffs (s. 2.2) sowie des Konzeps des „Generationenlernens“ (s. 3.3) erwähnt wurde, die aber im Hinblick auf Bildungsprozesse eine ausführlichere Erläuterung verdient: die *intra*generationalen Beziehungen – also die Beziehungen zwischen Kindern – und die in diesen angelegten Bildungspotentiale. Der Ausgangspunkt dieses Konzepts liegt in der von Piaget begründeten und heute allgemein anerkannten Auffassung von Entwicklung und Lernen (und, wie wir ergänzen können: Bildung) als konstruktive Leistung im Sinne des aktiven Aufbaus des Weltbezugs bzw. eines „Weltbilds“. In dieser sozial-konstruktivistischen

Sichtweise ist es für Lernprozesse kennzeichnend, dass sie nicht von außen (d. h. durch Erwachsene) determiniert werden können und dementsprechend in ihrem Ergebnis offen sind (s. Kapitel 2.4 und 2.5); dies schließt ein, dass Kinder, in Abhängigkeit vom Entwicklungsstand ihrer kognitiven Strukturen, auch solche Weltbilder (z. B. „magische" oder „animistische") aufbauen, die nicht mit dem Weltbild der Erwachsenen übereinstimmen und insofern im weiteren Lebensverlauf und Bildungsweg nicht aufrechterhalten werden können. In seinen frühen Untersuchungen hat sich Piaget insbesondere für die spezifischen Entwicklungs- und Lernpotentiale interessiert, die in den gemeinsamen Tätigkeiten der Kinder (z. B. Murmelspiel) im Rahmen von Gleichaltrigengruppen angelegt sind. Er hat diese Potentiale in den Prinzipien der Gleichrangigkeit und Gegenseitigkeit (die in den Beziehungen zwischen Erwachsenen und Kindern nicht gelten) und in den Chancen des gemeinsamen Aufbaus von diesen Prinzipien entsprechenden Strukturen des Denkens (und Handelns) entdeckt, z. B. in der Entwicklung einer „kooperativen", auf Gegenseitigkeit beruhenden Moral (Piaget 1932/1973; s. auch 3.10). Noch mehr als für das pädagogische Beziehungsgeschehen im Rahmen von *inter*generationalen Beziehungen (s. oben) gilt für das pädagogische Beziehungsgeschehen im Rahmen von *intra*generationalen Beziehungen: Die Beziehungsstrukturen selber sowie die Themen, Regeln und Routinen für die Spiel- und Lernprozesse werden von den Beteiligten kommunikativ ausgehandelt und hervorgebracht (Brandes 2008). Eben auf diesem Wege wird die „Kinderkultur" zu einem Werk der Kinder: Welche Rolle die Fachkräfte in dem bzw. für das pädagogische Beziehungsgeschehen in der Sozialwelt der Kinder sinnvollerweise spielen können, ist eine offene Frage (vgl. Brandes 2008). Die Orientierung an den Prinzipien der Gleichrangigkeit und Gegenseitigkeit und an den Chancen der Entstehung von Neuem in den Lernprozessen innerhalb der selbstorganisierten Sozialwelt der Kinder, die der frühe Piaget beschrieben hat, bildet auch den Ausgangspunkt für das Konzept der *„Ko-Konstruktion"*, das Youniss im ausdrücklichen Anschluss an Piaget formuliert und zur Grundlage seiner insbesondere auf Kinderfreundschaften bezogenen Untersuchungen gemacht hat (vgl. zusammenfassend in deutscher Sprache Youniss 1994). Entsprechendes gilt beispielsweise für die am sozialen Konstruktivismus von Piaget und Youniss orientierten empirischen Studien von Corsaro (1997) über Ausdrucksformen der „Kinderkultur" in Tageseinrichtungen für Kinder. Denn Kinder haben nach Corsaro im Kontext der sozialen Kinderwelt in Tageseinrichtungen die Chance und stehen vor der Aufgabe, eine „interpretative Re-Produktion" derjenigen Kultur zu erproben, in welcher sie aufwachsen. Damit ist gemeint, dass Kinder ihresgleichen brauchen, um in Prozessen des gemeinsamen Handelns und Denkens sowie in Akten der Interpretation und Sinngebung eine Kultur zu schaffen, die zurückbezogen ist auf die „ererbte" Kultur der Erwachsenengesellschaft, zugleich aber eine eigene, eigenständige Kultur repräsentiert.

4.4 Familien und Tageseinrichtungen für Kinder: Gemeinsamkeiten – Unterschiede – Wechselwirkung

Die folgenden Überlegungen zielen nicht allein darauf ab, Familie und Tageseinrichtungen für Kinder je für sich als je spezifische Welten der Kindheit zu beschreiben. Vielmehr suche ich nach systematischen Argumenten und empirischen Belegen für die These, dass Familienerziehung und öffentliche Erziehung auf einander verweisen und im Rahmen eines dynamischen Verhältnisses der Wechselwirkung das Aufwachsen heutiger Kinder bestimmen. In pragmatischer Hinsicht beinhaltet diese These eine normative Position; sie besagt, dass den Bedürfnissen und Rechten der Kinder in komplexen Gesellschaften nur noch unter der Bedingung angemessen entsprochen werden kann, dass private und öffentliche Verantwortlichkeit und Sorge für Kinder gemeinsam wahrgenommen werden, und zwar im Kontext eines vom gesamten Gemeinwesen getragenen Bündnisses zwischen Familien und öffentlichen Erziehungsinstanzen, welches die übereinstimmenden Potentiale zur Geltung bringt und die je unterschiedlichen Potentiale wechselseitig anerkennt (s. unten 4.5).

Erziehung und Bildung lassen sich als universale Aufgaben kennzeichnen. Denn in jeder Gemeinschaft und Gesellschaft, die auf Dauer angelegt ist, stellt sich die Aufgabe, die materiellen und immateriellen

Güter in der Abfolge der Generationen zu bewahren oder auch zu erneuern. Und jedes neu geborene Individuum steht vor der Aufgabe und sollte gemäß allgemeinen menschenrechtlichen Prämissen die Möglichkeit haben, in der Auseinandersetzung mit den voraufgehenden Generationen und den von diesen tradierten Gütern und Werten einen sinnhaften Bezug zur materiellen und geistigen Welt aufzubauen und soziale Handlungsfähigkeit zu erwerben.

Ebenso einleuchtend wie die Behauptung der weltweiten Verbreitung (Universalität) von Erziehung und Bildung als fundamentalen Aufgaben ist die These, dass die Art und Weise, wie diese Aufgaben wahrgenommen, definiert und sozial organisiert werden, historisch-gesellschaftlich und kulturell je spezifisch geprägt und zuweilen politisch umstritten ist (s. die Abschnitte 1.7 und 3.9). Beispielsweise hat es in vormodernen, „segmentären“ Gesellschaften die zwei Welten der Kindheit und die Trennung zwischen privater und öffentlicher Sphäre noch nicht (jedenfalls nicht im heutigen Sinne) gegeben. Bei den „Naturvölkern“ wird die Erziehung „notwendig Sache der Familie sein oder eines größeren Verbandes, dem die Familie selbst angehört. Jedenfalls, da keine Arbeitsteilung bei ihnen vorhanden ist, oder die Arbeitsteilung nur innerhalb der Familie stattfindet, dürfen wir hierfür keine besondere Organisation erwarten“ (Barth 1920, S. 54). Im Prozess der kulturellen Evolution sind komplexe Formen der Arbeitsteilung entstanden, die ihrerseits die Voraussetzung für die Aufspaltung des gesellschaftlichen Lebens in öffentliche und private Sphären sowie für die Herausbildung einer Vielzahl von Akteuren/Instanzen und sozialen Orten der Erziehung und Bildung geschaffen haben. Die „bewusste“ Erziehung, insbesondere die Schule als das Paradebeispiel für die „spezifisch Kindern geltenden Maßnahmen der Gesellschaft“, muss in dieser Perspektive als „historisch spätes Produkt“ betrachtet werden (Bernfeld 1925/1967, 52; vgl. auch Aries 1975 und Snyders 1971).

Aus der Vielzahl der mit einander verflochtenen Faktoren der Erziehung und Bildung, die für das Aufwachsen der heutigen Kinder bedeutsam sind, werden im Folgenden zwei Faktoren herausgegriffen: die Familie als die überdauernde private Lebenswelt der Kinder und die Tageseinrichtung für Kinder als repräsentative Ausdrucksform gesellschaftlich institutionalisierter Kindheit bzw. gesellschaftlich organisierter Erziehungs- und Bildungsprozesse.

In einem ersten Schritt wird der *Frage nach Gemeinsamkeiten und Unterschieden* zwischen den beiden Welten der Kindheit durch die Beschreibung von Systemmerkmalen nachgegangen.

Gemeinsamkeiten zwischen Familien und Kindertageseinrichtungen

Sowohl Familien als auch Tageseinrichtungen für Kinder bzw. Gruppen innerhalb einer Tageseinrichtung können im Sinne von Luhmann (1984) als „soziale Systeme" beschrieben werden. *Soziale Systeme* weisen u.a. die folgenden Merkmale auf: Sie haben die Operationsweise „Kommunikation"; sie haben eine zeitliche Dauer; sie sind in sich geschlossen, zugleich aber an Umwelten gekoppelt; sie sind in sich differenziert (z.B. Subsysteme der Geschwister in der Familie und der Gleichaltrigengruppe in einer Tageseinrichtung); die Entwicklung von sozialen Systemen und von Personen (von Luhmann als „psychische Systeme" bezeichnet) bedingen sich wechselseitig: „Psychische und soziale Systeme sind im Wege der Co-evolution entstanden. Die jeweils eine Systemart ist notwendige Umwelt der jeweils anderen ... Personen können nicht ohne soziale Systeme entstehen und bestehen, und das gleiche gilt umgekehrt" (ebenda, S. 92).

Beide Lebensbereiche – Familie und Tageseinrichtung – repräsentieren außerdem einen spezifischen Typus von sozialen Systemen. Deren Zustandekommen und Zusammensetzung sowie deren Funktionen werden durch die Existenz und Entwicklung von Kindern sowie durch die von Erwachsenen wahrzunehmenden Aufgaben der Betreuung und Erziehung von Kindern bestimmt. Die soziale Praxis und Erfahrung von *Generationenbeziehungen* bilden die notwendige Voraussetzung für die Ontogenese der Person, aber auch für die Weitergabe, Übernahme und Erneuerung der immateriellen Güter und Werte in der Abfolge der Generationen (s. 3.1). In dieser zweifachen Perspektive können sowohl Familien als auch Tageseinrichtungen als soziale Systeme bzw. Orte für „generatives Lernen" begriffen werden (vgl. Liegle/Lüscher 2004). Das Konzept des generativen Lernens weist zum einen darauf hin, dass die Kommunikation zwischen Erwachsenen (Eltern bzw. Fachkräften) und Kindern Lernprozesse nicht nur auf Seiten der Kinder, sondern auch auf

Seiten der Erwachsenen impliziert, mithin „Erziehung“ als ein kommunikativer und wechselseitiger Prozess aufzufassen ist. Zum anderen legt es dieses Konzept nahe, auch die Lernprozesse zwischen den Angehörigen der Kindergeneration – also zwischen Geschwistern und Gleichaltrigen – als einen wichtigen Faktor der Erziehung und Bildung in den Blick zu nehmen; von diesen *intra*generationalen Lernprozessen war im voraufgehenden Abschnitt die Rede (s. Kapitel 4.3).

Unterschiede zwischen Familien und Kindertageseinrichtungen

Neben Gemeinsamkeiten lassen sich auch zahlreiche Unterschiede zwischen Familien und Tageseinrichtungen benennen, die auf je spezifische Strukturmerkmale und auf unterschiedliche Potentiale für die Wahrnehmung der Aufgaben der Erziehung sowie für die Bildungsprozesse der Kinder hinweisen.

Am auffälligsten sind die Unterschiede in den *grundlegenden Systemmerkmalen*: Die *Familie* gilt als Primärgruppe par excellence, als ein intimes Beziehungssystem, das in der Regel auch biologische Grundlagen hat (Zeugung, Schwangerschaft, Geburt) und durch ein enges, alltägliches und auf Dauer gestelltes Zusammenleben, durch emotionale (durchaus ambivalente, d. h. nicht eindeutig positiv gefärbte) Nähe und Verbundenheit sowie durch eine nach außen stark abgegrenzte Privatsphäre gekennzeichnet ist (vgl. z. B. Schneewind 2008). Diese besonderen Merkmale prädestinieren die Familie als denjenigen sozialen Ort, „an dem sich im Regelfall die ersten Schritte der Menschwerdung vollziehen“ (Mollenhauer 1983, S. 416); sie scheinen auch ausschlaggebend zu sein für den bereits erwähnten Forschungsbefund, wonach die Familienerfahrung die Entwicklungs- und Bildungsprozesse der Kinder wesentlich stärker beeinflusst als die Kita- und. Schulerfahrung (s. oben Kapitel 4.1).

Die *Tageseinrichtung* stellt demgegenüber ein soziales System dar, das ausdrücklich zum Zweck der Wahrnehmung von Aufgaben der Betreuung und Erziehung und Bildung gesellschaftlich organisiert wird und insofern der Sphäre der Öffentlichkeit zuzurechnen ist. Die Mitgliedschaft der Kinder wird hier durch Alterskriterien und für eine begrenzte Dauer der Lebens- und Tageszeit festgelegt. Die Mitgliedschaft der Erwachsenen im sozialen System der Tageseinrichtung beruht nicht auf biologischer oder sozialer Elternschaft, sondern wird durch ein „Amt" definiert, dessen Zuweisung eine durch bestimmte Ausbildungsgänge erworbene Professionalität voraussetzt (vgl. Dippelhofer-Stiem 2012, Honig 2012).

Die skizzierten Systemunterschiede lassen sich auch mithilfe der *pattern variables* beschreiben, die Parsons eingeführt hat, um die Rollenerwartungen und Handlungsmöglichkeiten in Primärgruppen (insbesondere Familien) und sozialen Organisationen (z. B. Wirtschaftsbetriebe und Schulen bzw. Schulklassen) vergleichend zu untersuchen (vgl. Parsons 1951; Hillmann 1994, S. 658). Die Anwendung der *pattern variables* auf den Vergleich zwischen Familie und Tageseinrichtung führt zu den folgenden groben, den Originaltext vereinfachenden Typisierungen: Das kommunikative Handeln in Familien orientiert sich primär an *Affektivität/Expressivität* im Sinne von emotional geprägten Beziehungen, an *Partikularismus* im Sinne von Bezugnahme auf die je individuelle Person (Vater, Mutter, Kind), an *Diffusität* im Sinne von umfassender, „ganzheitlicher" Beziehungsgestaltung sowie an Anerkennung aufgrund von traditioneller *Zuschreibung* (Altersrolle, Geschlechtsrolle). Demgegenüber orientiert sich das kommunikative Handeln in Tageseinrichtungen primär an *affektiver Neutralität/Instrumentalität* im Sinne von organisationsbezogenen sozialen Rollen (Fachkraft und Kind), an *Universalismus* im Sinne von Bezugnahme auf personunabhängige Inhalte (z. B. Bildungspläne), an *Spezifizität* im Sinne von Vermittlung bzw. Aneignung bestimmter Fähigkeiten und Fertigkeiten sowie an Anerkennung aufgrund von *Leistung* (z. B. Lernfortschritte).

Die skizzierte, der Systemtheorie Parsons' entstammende Typologie kann trotz ihres heuristischen Wertes im Hinblick auf Kinder im Vorschulalter nur eine eingeschränkte Geltung beanspruchen. Denn ohne Kommunikationsformen, die an Affektivität/Spezifizität und Diffusität orientiert sind, können auch Tageseinrichtungen für Kinder ihren Erziehungs- und Betreuungsauftrag nicht angemessen erfüllen (s. den folgenden Absatz); und umgekehrt gehören Elemente von Instrumentalität zum Alltag der Beziehungsgestaltung in Familien.

Die im Anschluss an Parsons skizzierten Unterschiede kann man nicht nur an den Formen, sondern auch an den *Bezugspunkten der*

Kommunikation festmachen. Dabei tut sich ein Spannungsfeld zwischen Person („ganzer Person") und Position („lernendem Kind") auf:

Die *Familie* kann als das einzige soziale System gekennzeichnet werden, in welchem die *„ganze Person"* zum *Bezugspunkt der Kommunikation* wird: „Die Familie etabliert sich als der Ort, an dem das Gesamtverhalten, das als Person Bezugspunkt für Kommunikation werden kann, behandelt, erlebt, sichtbar gemacht, überwacht, betreut, gestützt werden kann" (Luhmann 1988, 83). Für das gesellschaftlich organisierte und professionell orientierte soziale System der *Tageseinrichtung* scheint es demgegenüber kennzeichnend zu sein, dass ausgewählte Aspekte der Person bzw. *bestimmte Rollensegmente* zu Bezugspunkten der Kommunikation werden, wie z. B. „das lernende Kind".

Eine ähnliche systematische Unterscheidung wird von Coleman (1986) vorgeschlagen: Die Familie gilt ihm mit Blick auf moderne Gesellschaften als das einzige Beispiel für einen „korporativen Akteur alter Art", für den kennzeichnend sei, dass er aus Personen zusammengesetzt ist; bei den „modernen" korporativen Akteuren treten nach Coleman Positionen (Rollen) an die Stelle von Personen.

Die skizzierten Unterscheidungen sind idealtypisch, sie vernachlässigen Überschneidungsbereiche zwischen den Systemmerkmalen von Familien und Tageseinrichtungen für Kinder. Beispielsweise belegt die Bindungsforschung, dass personale Beziehungen, welche die Erfahrung einer sicheren Bindung ermöglichen, eine wichtige Voraussetzung für gelingende Bildungsprozesse von Kindern darstellen (vgl. Ahnert/Gappa 2010, Grossmann/Grossmann 2006). Und es trifft sicher zu, dass Kinder, wie Honig (2003, S. 89) argumentiert, die Trennung von Person und Rolle nicht praktizieren.

Die bislang skizzierten Beschreibungsmodelle für unterschiedliche Systemmerkmale von Familien und Kindertageseinrichtungen bieten fruchtbare Anhaltspunkte für die – Familie und Kindertageseinrichtung vergleichende – Kennzeichnung der *Modi der Erziehung und Bildung*, d. h. der unterschiedlichen Art und Weise, in welcher Erziehungs- und Bildungsprozesse gestaltet werden.

In Theorien der Erziehungstheorien wird üblicherweise zwischen „intentionaler" und „funktionaler" *Erziehung* unterschieden (z. B. Treml 2000; vgl. auch Kapitel 5.2). Nach Dilthey (1934/1974, S. 192), der in dieser Frage heutige wissenschaftliche Erkenntnisse spekulativ vorweggenommen und gut formuliert hat, geschieht der Erhalt der materiellen und der immateriellen Güter/Werte einer Gesellschaft in der Generationenfolge auf zwei Wegen:

- Der erste Weg beinhaltet die „bis zu einem gewissen Grade *absichtslos* durch die in Familie und Gesellschaft sich herstellende Assimilation der Jungen an die Alten, Annäherung des Zustandes der Jungen an die Alten vermittels der Wirkung ihres Vorbildes, der Nachbildung ihrer Leistungen ..." Diese Art der „Vermittlung" wird üblicherweise mit dem Begriff der „funktionalen Erziehung" oder mit Begriffen wie „Umgangserziehung"„beiläufige Erziehung", „implizite Erziehung" oder auch „Sozialisation" beschrieben (vgl. z.B. Treml 2000, S. 67ff.). Die *Familie* ist derjenige soziale Ort, wo funktionale Erziehung als der vorherrschende Modus der Vermittlungstätigkeit gelten kann.
- Der zweite Weg besteht in der *„absichtlichen und planvollen Tätigkeit,* die wir als Erziehung bezeichnen". Dilthey reserviert demnach den Begriff der Erziehung für diesen Modus der Vermittlungstätigkeit, der üblicherweise mit dem Begriff der „intentionalen Erziehung" beschrieben wird (vgl. z.B. a.a.O., S. 62). Das Paradebeispiel für intentionale Erziehung stellt der Unterricht in der Schule dar; er beinhaltet die professionell durch Fachwissen und Didaktik begründete Vermittlung von bestimmten in einem Lehrplan festgelegten Inhalten und bildet die Grundlage für die Bewertung und Abprüfung der nach personunabhängigen Kriterien („Leistungsprinzip") gemessenen Lernleistung der Schüler. Dass es im angelsächsischen Sprachraum üblich ist, die Begriffe des Unterrichts und des Lehrers/der Lehrerin auch auf frühpädagogische Bildungsinstitutionen zu beziehen, ist an andere Stelle bereits erwähnt worden (s. die Vorbemerkungen zu Kapitel 2).

Auch in Tageseinrichtungen für Kinder steht die professionelle Vermittlungstätigkeit – „Erziehung als Aufforderung zur Bildung" (s. 2.5) – überwiegend im Zeichen des Modus der intentionalen Erziehung.

Die Unterscheidung zwischen funktionaler und intentionaler Erziehung und die Zuordnung dieser Modi der Erziehung zu verschiedenen sozialen Orten haben idealtypischen Charakter und können dem komplexen Erziehungsgeschehen in Familien und Tageseinrichtungen nur annäherungsweise gerecht werden. Denn auch im Rahmen von Tageseinrichtungen findet funktionale Erziehung statt, z. B. durch das Vorbild/Beispiel der Erzieherin oder die räumliche und sächliche Ausstattung der Tageseinrichtung. Umgekehrt lassen sich auch im Alltag der Familie Beispiele für intentionale Erziehung entdecken (z. B. Vermittlung von Wissen und Werten oder Kontrolle von Tischmanieren, Medienkonsum etc.).

Ein weiteres Modell zur systematischen Beschreibung der Unterschiede zwischen familialer und öffentlicher Erziehung hat Mollenhauer (1983) vorgelegt. Dem Begriff der funktionalen Erziehung entspricht hier der Begriff *„Präsentation"*. Er bezeichnet einen Modus der Erziehung, der in der Familie vorherrscht und darauf hinausläuft, „etwas über sich und seine Lebensform mit(zu)teilen" (S. 22). „Präsentation" meint: Wir müssen, willentlich oder unwillkürlich, im Zusammenleben mit Kindern *„unser* Leben führen"; „Erziehung" beinhaltet in diesem Zusammenhang „zuallererst Überlieferung", und zwar im Sinne von „Mitteilung dessen, was uns wichtig ist", sowie im Sinne eines „vorgelebten Lebens" (S. 20). Die Grenzen dieses Modus der Vermittlungstätigkeit liegen darin, dass er auf die Erfahrungen im Kontext der „primären Lebenswelt" beschränkt bleibt. Die Vorbereitung der Kinder auf eine zunehmend komplexe soziale Welt und die darin begründete Unvorhersehbarkeit der lebensgeschichtlichen, z. B. beruflichen Zukunft machen es erforderlich, „auf Vorrat" zu lernen und „die der kindlichen Erfahrung unzugänglichen Teile der gesellschaftlich-historischen Kultur in irgendeiner Weise zur Kenntnis zu bringen" (a. a. O.). Diese Aufgabe nennt Mollenhauer *„Repräsentation"*. Dieser Modus der Erziehung (als Vermittlungstätigkeit) entspricht dem Modus der intentionalen Erziehung; er beinhaltet „Auswählen, was vermittelt werden soll" (S. 52), und zwar in einer Art und Weise, die geeignet ist, das Ausgewählte in eine „für das Kind/den Jugendlichen verarbeitungsfähige Form" zu bringen (S. 20), die also didaktisch begründet ist. Zu diesem Zweck treten neben die Familie „Institutionen, die sich dies zur Aufgabe machen" (a. a. O.). Für die gesellschaftlich organisierte, öffentliche, beruflich wahrgenommene Erziehung hat in dieser systematischen Perspektive der Modus der „Repräsentation" grundlegende Bedeutung.

Den Ansätzen zur systematischen Unterscheidung von *Modi der Vermittlungstätigkeit* („Erziehung") in den Kontexten der Familie und der Bildungsinstitutionen entsprechen Ansätze zur systematischen Unterscheidung von *Aneignungstätigkeit* („Bildung", „Lernen"; s. 2.4).

Das erste Beispiel betrifft die bildungstheoretische Reflexion der Prozesse der informellen, formalen und non-formalen Bildung (vgl. z. B. Münchmeier/Otto/Rabe-Kleberg 2002, Otto/Rauschenbach 2004). Das zweite Beispiel betrifft die in der psychologischen Lernforschung untersuchten Strategien des „impliziten" und des „intentionalen" Lernens (vgl. Hasselhorn 2005; s. Kapitel 5.2).

Im Rahmen des intimen Beziehungssystems der Familie sind Modi der *informellen Bildung* bzw. des impliziten Lernens vorherrschend. Die Aneignungstätigkeit der Kinder geht hier aus der Teilhabe am alltäglichen Leben sowie aus den gelebten und erlebten Familienbeziehungen hervor. Es handelt sich dabei um überwiegend unbewusste, nebenbei und gleichsam zufällig ablaufende Lernprozesse, um ein Lernen am Modell der Eltern, das auf Nachahmung und Identifizierung beruht.

Die Aneignungstätigkeit der Kinder im Rahmen von Tageseinrichtungen werden von zwei Faktoren bestimmt: Zum einen sind der institutionelle Kontext und die professionelle Vermittlungstätigkeit der Fachkräfte darauf angelegt, die Kinder zur systematischen Informationsverarbeitung, zu bewusstem und expliziten Lernen anzuregen, z. B. im Hinblick auf die neuen Bildungsprogramme. Zum anderen sprechen die entwicklungsbedingten kognitiven Voraussetzungen (z. B. „phonologisches Arbeitsgedächtnis") dafür, dass bei Kindern im Vorschulalter Modi des impliziten Lernens durch Spiel, Erkundung, Nachahmung etc. vorherrschend sind (vgl. Hasselhorn 2005; s. unten 5.2); in die gleiche Richtung weisen die Überlegungen, die wir unter dem Motto „Die Institution *als* Institution erzieht" sowie mit dem Hinweis auf das Konzept des „heimlichen Lehrplans" angestellt haben (s. oben 4.2). Man wird daher davon ausgehen müssen, dass die Aneignungstätigkeit der Kinder in Tageseinrichtungen noch nicht, wie im Kontext der Schule, im engeren Sinne dieses Konzepts von intentionalem Lernen auf der Grundlage systematischer Lehr-Lernprozesse (Unterricht) bestimmt werden. Vielmehr ist sie in jenem Überschneidungsbereich von informeller Bildung (Familie) und formaler Bildung (Schule) angesiedelt, der mit dem Begriff der *„non-formalen Bildung"* umschrieben wird (z. B. Münchmeier u. a. 2002; Otto/Rauschenbach 2004).

Formen der Wechselwirkung zwischen Familien und Kindertageseinrichtungen

Wie bereits der schon einmal zitierte Pädagoge Wilhelm Dilthey (1934/1974, S. 195) erkannt und formuliert hat, entscheidet die Gesamtverfassung der äußeren Organisation eines gesellschaftlichen Ganzen über die Art, wie die einzelnen Zentren dieser Organisation, insbesondere also Familie, Gemeinde, Staat und Kirche, zu der Gesamtaufgabe der Erziehung zusammenwirken. Die im Folgenden skizzierten Ansätze beinhalten systematische Beschreibungen des „Zusammenwirkens" von familialer und öffentlicher Erziehung, und zwar zunächst in der Perspektive der Maßnahmen für Kinder auf der Ebene der Gesellschaft und anschließend in der Perspektive der Entwicklungsprozesse der Kinder.

Im Anschluss an den US-amerikanischen Erziehungsphilosophen Lawrence Cremin hat Leichter (1974, S. 2f. und 27f.) zur Beschreibung der Rahmenbedingungen des Aufwachsens von Kindern und Jugendlichen das Konzept der *„Konfiguration"* vorgeschlagen. Ausgangspunkt dafür ist die Feststellung, dass der Prozess der Erziehung von einer Vielzahl von Personen und Institutionen getragen wird. Die Liste der benannten Erziehungsfaktoren – Eltern, Peers, Geschwister und Freunde sowie Familien, Kirchengemeinden, Bibliotheken, Museen, Ferienlager, Schulen und Colleges – wäre heutzutage insbesondere durch den Hinweis auf die Allgegenwart der modernen Medien zu ergänzen. Für die Einführung des Konzepts der „Konfiguration" sind zwei Hypothesen ausschlaggebend. Erstens wird angenommen, dass die verschiedenen Erziehungsfaktoren nicht einfach neben einander existieren und je für sich wirksam sein können, sondern dass sie in regelhaften Beziehungen („Konfigurationen") und damit auch in einem Verhältnis der Wechselwirkung zu einander stehen; diese Beziehungen können einen „dissonanten" oder „konsonanten", gegensätzlichen oder sich ergänzenden Charakter haben. Zweitens wird angenommen, dass Konfigurationen der Erziehung in allen historischen Epochen und in allen Gesellschaften zu beobachten sind, dass jedoch deren konkrete Gestalt und Regelhaftigkeit eine historisch-gesellschaftliche Vielfalt aufweisen. Dies zeigt sich beispielsweise an Prozessen des sozialen Wandels: „Periods of social change often entail fundamental shifts in the character of educational configurations and in the relation of the various components to one another. At such times, questions about the allocation of educational functions, among the family and other institutions, are likely to rise to the level of explicit policy concerns“ (Leichter 1974, S. 2). Diese Überlegungen enthalten auch den Hinweis darauf, dass Konfigurationen der Erziehung als Gegenstand bzw. Ergebnis politischer Steuerungsprozesse interpretiert werden können.

In seinem Ansatz der *„Ökologie der menschlichen Entwicklung“* geht Bronfenbrenner (1981) davon aus, dass die Entwicklung der Person vom Erleben und von der Gestaltung dauerhafter und emotional bedeutsamer Beziehungen in der sozialen Lebenswelt bestimmt wird. Die angesichts ihrer Beziehungsdichte unmittelbar entwicklungsrelevanten Lebensbereiche werden als *„Mikrosysteme“* bezeichnet, allen voran die Familie, aber beispielsweise auch die Tageseinrichtung für Kinder oder die peer group. Im Weiteren zielt der sozialökologische Ansatz darauf ab, die Beziehungen zwischen jenen Mikrosystemen, welche das Aufwachsen der (heutigen) Kinder prägen, systematisch zu beschreiben und zu untersuchen. Zu diesem Zweck wird das Konzept des „Mesosystems“ eingeführt: „Das *Mesosystem* ‚umfasst‘ die Wechselbeziehungen zwischen zwei oder mehreren Lebensbereichen, an welchen die sich entwickelnde Person beteiligt ist“ (Bronfenbrenner 1981, S. 199). Die im „Mesosystem“ definitionsgemäß angelegte Verbindung bzw. Wechselwirkung zwischen „Mikrosystemen“ (z. B. zwischen Familie und Tageseinrichtung) kann nach Bronfenbrenner ihr entwicklungsförderndes Potential nicht schon dadurch entfalten, dass Kinder an beiden Lebensbereichen beteiligt sind, sondern nur unter der zusätzlichen Voraussetzung, dass es zwischen den Lebensbereichen zu einer bewussten Abstimmung und Zusammenarbeit kommt (s. 4.5); zum Beispiel in dem Sinne, dass „die Rollen, Tätigkeiten und Dyaden, die die verbindende Person in beiden Lebensbereichen aufnimmt, gegenseitiges Vertrauen, positive Orientierung und Zielübereinstimmung in den Lebensbereichen fördern und Kräfteverhältnisse entstehen lassen, die sich zugunsten der sich entwickelnden Person auswirken“ (S. 205). Im Umkehrschluss geht Bronfenbrenner davon aus, dass der „Zusammenbruch der Verbindungen zwischen den verschiedenen Segmenten im Leben unserer Kinder“ – als Folge der Vernachlässigung des Potentials des „Mesosystems“ – zu den wichtigsten Ursachen der „Entfremdung“ von Kindern und Jugendlichen gehört (a. a. O., S. 220).

Die konkrete Ausgestaltung des „Mesosystems“ wird im sozialökologischen Ansatz – ähnlich wie beim Konzept der „Konfiguration“ (s. oben) – in ihrer Abhängigkeit nicht nur von den beteiligten Lebensbereichen und Personen, sondern von den übergreifenden historisch-gesellschaftlichen Rahmenbedingungen betrachtet. Diese werden mit den Begriffen des „Exosystems“ (z.B. die Arbeitsbedingungen der Eltern) und des „Makrosystems“ umschrieben. Das Makrosystem enthält „die Konstruktionsanweisungen nicht nur für die Umwelt, wie sie ist, sondern auch diejenigen für eine Umwelt, wie sie sein könnte, wenn die gegenwärtige soziale Ordnung verändert würde“ (a.a.O., S. 266).

Die Interdependenz zwischen Familien und Kindertageseinrichtungen, die mithilfe des Konzepts des Mesosystems beschrieben werden kann, stellt einen wichtigen Faktor nicht nur für die soziale Praxis der Betreuung und Erziehung in beiden sozialen Welten sowie für Maßnahmen der Bildungs- und Sozialpolitik, sondern auch für die Lebens- und Lerngeschichte der Kinder dar. In der *Perspektive der Kinder* geht es dabei zunächst um die Aufgabe, den Übergang vom einen sozialen System zum anderen zu meistern. Forschungsansätze zur *„Transition“* (vgl. Rimm-Kaufman/Pianta 2000, Griebel/Niesel 2004, Roßbach 2006) haben dazu beigetragen, solche Übergänge als kritische Lebensereignisse sowie als Lerngelegenheiten und Lernprozesse zu begreifen. Diese beinhalten für das Kind die Herausforderung, die regelmäßige zeitlich-räumliche Trennung von den ersten und nächsten Bezugspersonen zu bewältigen und in der zunächst neuen Sozialwelt der Tageseinrichtung Beziehungen aufzubauen und hier seine Position und Rolle zu finden; und die Herausforderung, Orientierung in der Bildungskultur der Tageseinrichtung zu gewinnen. Das Gelingen des Übergangs hängt von den Ressourcen des Kindes ab, es wird aber auch beeinflusst von der Begleitung und Unterstützung von Seiten der Eltern und der Fachkräfte bzw. der Zusammenarbeit zwischen diesen (s. 4.5).

Wenn der Übergang von der Familie zur Tageseinrichtung vollzogen ist, partizipiert das Kind erstmals an einem Mesosystem, das heißt an den beiden für moderne Gesellschaften kennzeichnenden und in einander verschränkten Welten der Kindheit (Cloos/Karner 2010). Die Entwicklung des Kindes im Zeichen des Spannungsfeldes von familialer und öffentlicher Erziehung hat Denzik (1989) mithilfe des Konzepts der *„dual socialization"* analysiert. Für das „postmoderne" Kind wirken nach Denzik die Erfahrungen im intimen Beziehungssystem der Familie wie ein Filter in seiner Auseinandersetzung mit den Normalitätsvorstellungen und Anpassungsforderungen im Rahmen der öffentlichen Erziehungsinstitutionen. Die lebensgeschichtliche Aufgabe, die zweifachen Sozialisationserfahrungen in seiner Identitätsentwicklung zu integrieren, stellen nach Dencik das Kind vor erhöhte Anforderungen im Hinblick auf Selbstregulation und affektive Selbstkontrolle. In dieser Perspektive kennzeichnet Denzik den Modus der zweifachen Sozialisation als eine spezifische Ausdrucksform des „Prozesses der Zivilisation" (Elias 1978).

Die empirische Prüfung der ausgewählten Beschreibungsmodelle zeigt mit Bezug auf das Konzept der *„Konfiguration"*: Es lässt sich eine deutliche Entwicklungsdynamik oder sogar Entwicklungslogik feststellen dergestalt, dass Prozesse der Modernisierung eine Aufteilung der Erziehung in eine private und öffentliche Erziehungswelt und eine kontinuierliche Zunahme des Gewichts der öffentlichen Erziehung nicht nur im Schulalter, sondern auch im Vorschulalter herbeiführen. Allerdings sind innerhalb der modernen Industriegesellschaften große Unterschiede im Ausbau der öffentlichen Erziehung für Kinder im Vorschulalter zu beobachten: 1999 besuchten nach Daten der OECD (2001, S. 188) in Australien und USA etwa 30, in Großbritannien und Portugal etwa 50, in Dänemark und Norwegen etwa 65 sowie in Belgien und Italien über 90% der 3-jährigen Kinder eine Vorschuleinrichtung. Die Unterschiede im Ausbau frühpädagogischer Angebote gelten ganz besonders für das Kleinkindalter. Am besten lässt sich das am Beispiel von Deutschland oder vielmehr der beiden deutschen Staaten zeigen, die 40 Jahre lang existiert und zwei Extreme in der Konfiguration von privater und öffentlicher Kleinkinderziehung repräsentiert haben: Die DDR hat weltweit eine Spitzenposition im Ausbau der öffentlichen Kleinkinderziehung eingenommen, während die Bundesrepublik im internationalen Vergleich am untersten Ende der Skala gestanden ist. Diese gegensätzliche Ausgangslage spiegelt sich auch nach der Vereinigung und bis heute im sehr unterschiedlichen Ausbau der öffentlichen Kleinkinderziehung in den alten Bundesländern (Gesamtdurchschnitt: 6,8% der unter 3-Jährigen) und in den neuen Bundesländern (Gesamtdurchschnitt: 34,4%) (Statistische Ämter 2007, S. 7).

Wie die genannten Daten zeigen, genügen offensichtlich die allgemeinen Faktoren der Modernisierung nicht, um die eklatanten Unterschiede im Ausbau des Kindergartens und, gesteigert, in der Verbreitung der öffentlichen Kleinkinderziehung zu erklären; denn die genannten Staaten unterscheiden sich nicht wesentlich in ihrem Grad der Modernisierung. Vielmehr gewinnen offenbar die Konfigurationen der Erziehungsinstanzen ihre je spezifische Gestalt immer nur in einer je spezifischen Kopplung der allgemeinen Modernisierungsprozesse mit Prozessen der politischen Steuerung; und diese werden ihrerseits bestimmt durch Merkmale des jeweiligen politischen und ökonomischen Systems, durch die jeweils vorherrschenden Leitbilder der Familie und der Rolle der Frau in Familie und Gesellschaft sowie durch die Leitbilder für die Verhältnisbestimmung von Privatsphäre und öffentlicher Sphäre.

Die Tatsache, dass Konfigurationen der Erziehung durch politische Steuerung oder durch einen politischen Systemwechsel bestimmt werden, lässt sich aktuell am forcierten Ausbau der öffentlichen Kleinkinderziehung im vereinten Deutschland belegen. Und auch daran, dass der politische Systemwechsel dazu geführt hat, dass in denjenigen Bundesländern, die bis 1990 die DDR bildeten, seit 1990 eine Umkehrung der Entwicklungsdynamik eingesetzt hat: nicht Ausbau, sondern Abbau der öffentlichen Kleinkinderziehung (auch aufgrund der demographischen Entwicklung). Will sagen: Die gegenwärtige Bundesrepublik Deutschland vereinigt zwei Staaten in sich, die im Hinblick auf die Konfiguration zwischen privater und öffentlicher (Kleinkind-)Erziehung radikal gegensätzliche Wege beschritten hatten (Liegle 1990; auch Kapitel 1.2). Und heute bzw. in Zukunft können wir beobachten, dass diese Konfiguration im vereinten Deutschland neu ausgehandelt, definiert und gestaltet wird. Die absehbare Entwicklung lässt sich aller Voraussicht nach in den „epochalen Trend" der Ausdehnung institutioneller Bildung, Betreuung und Erziehung im vorschulischen Alter einordnen (vgl. Tietze/Rossbach/Grenner 2005, S. 16ff.).

Die aktuelle Qualitäts- und Wirkungsforschung ist implizit oder explizit am Ansatz der *„Ökologie der menschlichen Entwicklung"* im Allgemeinen und am Konzept des *„Mesosystems"* im Besonderen orientiert (s. oben), das heißt: Neben der Qualität der institutionellen Betreuung wird die Familie als primäre Umwelt und Betreuungsform für das Kind berücksichtigt und zunehmend differenzierter erfasst (Tietze 1998, Tietze/Rossbach/Grenner 2005). Die Untersuchungsbefunde zeigen nicht nur, dass beide Bereiche „in bedeutsamer Weise zur Entwicklung der Kinder beitragen"; sie verweisen auch auf eine „vielfältige Verflochtenheit" der entwicklungsrelevanten Qualitätsmerkmale und Einflüsse im einen und im anderen Bereich (vgl. a.a.O., S. 23).

Die Verflechtung ergibt sich zunächst daraus, dass die Kinder ihre Beziehungs- und Bildungserfahrungen im jeweils einen Lebensbereich in den jeweils anderen Lebensbereich „mitbringen" und dass die „mitgebrachten" Erfahrungen einen modifizierenden Einfluss auf die Erfahrungen im jeweils anderen Lebensbereich ausüben. Dementsprechend werden in der empirischen Forschung die Maße der kindlichen Entwicklung als Ergebnis des Zusammenwirkens der Qualität im Lebensbereich Familie mit der Qualität im Lebensbereich Tageseinrichtung interpretiert. Dabei hat sich gezeigt, dass die pädagogische Qualität des Familiensettings alles in allem einen wesentlich stärkeren Einfluss auf die untersuchten Entwicklungsbereiche hat als die pädagogische Qualität des Kindergartens. Es gibt aber auch Hinweise darauf, dass hohe Qualität in der institutionellen Erziehung kompensatorische Effekte bei der Entwicklung von Kindern aus eher anregungsarmem Milieu haben kann (Tietze 1998, S. 29). Die empirisch belegten Chancen einer kompensatorischen Wirkung institutioneller Erziehung verweisen auf eine weitere Dimension in der (potentiellen) Verflechtung der beiden Lebensbereiche: Tageseinrichtungen bieten nicht nur für Kinder (z.B. im Sinne von Freundschaften, die auch außerhalb der Tageseinrichtung gepflegt werden), sondern auch für Eltern (z.B. mit Blick auf die Eltern anderer Kinder) bzw. für die Familien im Ganzen zusätzliche soziale Netzwerke (vgl. Rossbach 2005, S. 152ff.; Schmidt-Denter 2002, S. 753). Und zu den am besten dokumentierten Bedingungsfaktoren für langfristig erfolgreiche Förderprogramme gehören die Einbeziehung der Eltern in das Förderprogramm (z.B. durch eine dialogische Praxis der Erziehungspartnerschaft oder auch durch Hausbesuche) sowie die dadurch erreichte Veränderung der familiären Situation infolge der Weiterentwicklung der Beziehungs- und Erziehungskompetenzen der Eltern (Bronfenbrenner 1987).

Pragmatische Perspektiven

Das Verhältnis zwischen öffentlicher Erziehung und Familienerziehung hat sich in den vorausgehenden Abschnitten dieses Kapitels als ein bedeutsamer Gegenstand theoretischer Reflexion und empirischer Forschung erwiesen. Die abschließenden Überlegungen orientieren sich an jenem Verständnis von Forschung, das insbesondere den Ansatz der „Ökologie der menschlichen Entwicklung" prägt: Der Forschung wird hier die Aufgabe zugeschrieben, die Umwelt nicht nur so zu beschreiben, wie sie ist, sondern auch so, wie sie sein könnte oder auch sein sollte (Bronfenbrenner 1981). In dieser pragmatischen Perspektive stellt die Gestaltung des „Mesosystems" von familialer und institutioneller Erziehung im Sinne einer gemeinsamen Verantwortlichkeit für das Aufwachsen der Kinder, für die Gewährleistung ihres Wohlergehens, ihrer Rechte und Bildungsansprüche eine große Herausforderung für das pädagogische und politische Handeln dar. Wie diese Herausforderung aufgegriffen worden ist bzw. aufgegriffen werden kann, soll an einigen Beispielen der Frühpädagogik in Geschichte und Gegenwart illustriert und im abschließenden Abschnitt in pragmatischer Absicht resümiert werden (s. Kapitel 4.5).

Die Gründung des ersten Kindergartens (1840 in Bad Blankenburg) betrachtete Fröbel als eine notwendige Antwort auf die „vernichtende Gewalt äußerer, bürgerlicher, geselliger Lebens- und Berufsverhältnisse" seiner Zeit (Fröbel 1840/1986, S. 189), d.h. auf die Merkmale und Folgen der, wie wir heute sagen würden, Modernisierung der Gesellschaft: Nur durch „bewirkte Vermittlung zwischen den äußern weiblichen Berufs-Geschäften, den bürgerlich geselligen Pflichten und den Forderungen des Kindeswesens" könne „die ursprüngliche Einigung des weiblichen, des Frauen- und des Mutterlebens mit der Kindheit gewonnen werden" (ebd., S. 191). Die Begründung einer zweiten, öffentlichen Erziehungswelt für Kinder sollte nach Fröbels Vorstellung nicht eine Trennung zwischen Kinderleben und Familienleben herbeiführen, sondern im Gegenteil dazu beitragen, dass die Beachtung und Pflege der Kindheit als eine gemeinsame Aufgabe der Familien, des Kindergartens und des ganzen Gemeinwesens wahrgenommen wird (Konrad 2012). Zwei „Veranstaltungen" hat Fröbel ins Auge gefasst, um Kindern eine „beachtete" und „gepflegte" Kindheit zu ermöglichen: Familienpädagogik im Rahmen von Zusammenschlüssen von Familien in der Gestalt des bürgerlichen Vereins sowie den Kindergarten als öffentliche Anstalt, und zwar ausdrücklich für prinzipiell alle Kinder. Mit seinen Forderungen, insbesondere mit seiner Forderung nach einem allgemeinen Kindergarten sah sich Fröbel mit der in weiten Kreisen vertretenen Auffassung konfrontiert, eine Erziehung außerhalb der Familie würde die natürlichen Familienbande vollends zerstören. Er musste deshalb, um die Akzeptanz seiner Forderung zu erleichtern, ein Argument besonders betonen, von dem er allerdings auch unabhängig von diesem Rechtfertigungsdruck überzeugt war: Die geforderten Anstalten zur Pflege der Kindheit „(entbinden) keineswegs die Familien von der Pflicht der sorgsamen Kinderpflege, sondern (sollen) zur Erfüllung derselben ihnen vielmehr behilflich sein", und sie „beabsichtigen noch weniger die Kinder den Familien zu entfremden, im Gegenteil ein einiges ... Familienleben hervorzufördern" (Fröbel 1839/1986, 187).

Die Gründung des ersten Kindergartens liegt fast 160 Jahre zurück. Dass Kinder im Schnittfeld von familialer und öffentlicher Erziehung aufwachsen, ist inzwischen zu einer Selbstverständlichkeit geworden. Die „Einigung" und die „Vermittlung" zwischen den beiden Welten der Kindheit, die Fröbel anvisiert und als ein zentrales Anliegen des gesamten Gemeinwesens betrachtet hat, ist jedoch bis heute ein Desiderat geblieben. Mit dem von Lothar Krappmann formulierten Konzept einer „Kultur des Aufwachsens" hat *der Zehnte Kinder- und Jugendbericht* der Bundesregierung (Bundesministerium 1998, S. 19f.) dieser Vision eine aktuelle Ausdrucksform verliehen. Grundlegend für dieses Konzept ist die Überzeugung, dass die Verantwortung für das Leben und die Entwicklung der Kinder gemeinsam von Familien und öffentlichen Einrichtungen wahrgenommen werden sollte, ganz im Sinne der in Bronfenbrenners Ansatz der Ökologie der menschlichen Entwicklung angelegten Forderung, die Potentiale des „Mesosystems" auszuschöpfen (s. oben). Um diesem Anspruch gerecht werden zu können, müssen „Kooperationsformen" entwickelt werden, „in denen Eltern und andere Erzieher sich in ihren differenzierten Rollen gegenüber dem Kind gegenseitig stützen, so dass Kinder nicht insulare Erfahrungswelten durchwandern, in denen kein übergreifender Sinn gilt". Tageseinrichtungen für Kinder ergänzen und erweitern nicht nur die Leistungen der

Eltern, sondern „übernehmen einen Teil der Aufgaben, den unter modernen Lebensverhältnissen Eltern nicht mehr in angemessener Weise ausfüllen können". Eine „Kultur des Aufwachsens" impliziert aber auch die „materielle, rechtliche und ideelle Unterstützung" der Eltern. Sie sollten sich bei der Wahrnehmung ihrer Rolle „auch darin getragen erleben können, dass ihre Aufgaben und Verantwortungen von der Gemeinschaft als wichtig und sinnvoll betrachtet werden" (a. a. O., 19 f.).

Beispiele für die konkrete Initiierung einer Kultur des Aufwachsens lassen sich in etablierten frühpädagogischen Ansätzen wie dem Situationsansatz und der Reggio-Pädagogik in den englischen „early excellence centers", die mittlerweile auch in Deutschland entwickelt werden (Hebenstreit-Müller/Karkow, 2008), aber auch in gemeinwesenorientierten Projekten wie den Bündnissen für Kinder und Familien, den Mütterzentren und den Mehrgenerationenhäusern finden. Die Praxis einer „Bildungs- und Erziehungspartnerschaft zwischen Fachkräften und Eltern", wie sie in den neuen Bildungsprogrammen für Tageseinrichtungen für Kinder gefordert und beschrieben wird (vgl. z. B. Ministerium für Kultus 2006, S. 51 ff.), kann die allgemeine Verfolgung dieses Anliegens unterstützen und befördern (s. Kapitel 4.5).

4.5 Erziehungs- und Bildungspartnerschaft als gemeinsame Aufgabe von Fachkräften und Eltern

Erzieherinnen/Tageseinrichtungen sowie Eltern/Familien stehen vor der Aufgabe/Herausforderung, die Kinder mit vereinten – zumindest koordinierten – Kräften in ihrer Entwicklung zu beflügeln (Meisterung von Entwicklungsaufgaben) und in ihren Lern- bzw. Bildungsprozessen zu unterstützen, anzuregen und zu fördern.

Die Vereinigung der Kräfte ist keine Selbstverständlichkeit, sie stellt vielmehr einen komplexen, für beide Seiten anspruchsvollen und mühsamen Prozess dar, der auch scheitern kann. (Hartmann u. a. 2007).

Um die Möglichkeiten einer dialogischen Praxis von Erziehungspartnerschaft „auf gleicher Augenhöhe" nutzen zu können, müssen erschwerende und erleichternde Faktoren bedacht und im Alltag bearbeitet werden.

Zu den *erschwerenden Faktoren* – und dabei ist in erster Linie an die Perspektive der Fachkräfte zu denken – gehört, dass die Erziehungs- und Bildungspartnerschaft von Elternhaus und Kindergarten in unserer Gesellschaft auf einer Beziehung zwischen ungleichen Partnern beruht. Die Ungleichheit betrifft das unterschiedliche Gewicht der Rolle der Eltern und der Rolle der Fachkräfte im Leben der Kinder. Dies lässt sich an den folgenden Aspekten aufzeigen:

- Eltern stellen für die Kinder die ersten und lebensgeschichtlich dauerhaftesten Bezugspersonen und die Familie stellt die erste und lebensgeschichtlich dauerhafteste Bildungswelt der Kinder dar.
- Die Kinder kommen aus außerordentlich unterschiedlichen Familien, was z. B. die Ideale und Praktiken der Erziehung sowie die Bildungssressourcen betrifft, und die Fachkräfte stehen vor der schwierigen Aufgabe, mit dieser Vielfalt und Unterschiedlickeit kompetent umzugehen und nach Möglichkeit jedem einzelnen Kind und seinem Förderbedarf gerecht zu werden (s. auch oben Abschnitt 2.7).
- Die für die Entwicklungs- und Bildungsprozesse der Kinder grundlegende Bindungserfahrung machen die Kinder in der Familie, sei es gelingend, sei es misslingend.
- Die Wirkungsmächtigkeit der Familie erweist sich, wie die empirische Qualitäts- und Wirkungsforschung belegt, als wesentlich höher im Vergleich zur Wirkungsmächtigkeit der öffentlichen Erziehung.
- Das Grundgesetz betont den Primat der elterlichen Verantwortung für Kinder; entsprechend werden im Kinder- und Jugendhilfegesetz Tageseinrichtungen als familienergänzende und -unterstützende Einrichtungen beschrieben.

Zu den *erleichternden* Faktoren einer gelingenden Erziehungspartnerschaft gehören folgende Aspekte:

- Die einschlägige Forschung zeigt, dass Eltern im Großen und Ganzen die Fachlichkeit der Fachkräfte anerkennen, und dass die Erzieherinnen zu denjenigen Personen gehören, die Eltern am häufigsten für

Ratschläge in Erziehungsfragen ansprechen (z. B. Dippelhofer-Stiem 2002; Honig/Joos/Schreiber 2004).
- Die Professionalität der Fachkräfte und ein überzeugendes pädagogisches Konzept erweisen sich als wichtige Faktoren einer gelingenden Erziehungspartnerschaft (vgl. a. a. O.).
- Das professionelle Wissen über die Kinder und das Interesse an den Kindern (das sich z. B. in der Anlage der Portfolios zeigt) sind wirksame Wege, um Eltern zur Zusammenarbeit zu gewinnen.

In der deutschen ebenso wie in der internationalen frühpädagogischen Forschungsliteratur wird die professionelle Aufgabe der Erziehungspartnerschaft in zwei Perspektiven bestimmt: Neben die Zusammenarbeit tritt als Herausforderung die Aufgabe der Elternarbeit bzw. Elternbildung (z. B. Hartmann u. a. 2007).

In pragmatischer Hinsicht sind die vorgetragenen Überlegungen geeignet, eine normative Position zur Frage der Verantwortung für Kinder zu begründen; sie besagt, dass den Bedürfnissen und Rechten der Kinder in komplexen Gesellschaften nur noch unter der Bedingung angemessen entsprochen werden kann, dass private und öffentliche Verantwortlichkeit und Sorge für Kinder gemeinsam wahrgenommen werden, und zwar im Kontext eines vom gesamten Gemeinwesen getragenen Bündnisses zwischen Familien und öffentlichen Erziehungsinstanzen, welches die übereinstimmenden Potentiale zur Geltung bringt und die je unterschiedlichen Potentiale wechselseitig anerkennt (siehe den Abschnitt 4.4). Damit wird auch für die Praxis von Erziehungspartnerschaft ein *dialogischer Ansatz* nahegelegt.

5

Ansatzpunkte einer „Beziehungspädagogik": Dialogische Erziehung in Familien und in Tageseinrichtungen für Kinder

Wenn man die (früh-)pädagogischen Grundbegriffe sowie die (früh-) pädagogische Praxis in der Perspektive eines Lebenslauf begleitenden *Beziehungsgeschehens* bestimmt, wie ich das in den voraufgehenden Kapiteln getan habe, dann erweist sich die Gestaltung der Beziehungen als zentrales Element des erzieherischen Handelns in Familien und in Tageseinrichtungen für Kinder. In diesem Sinne ist in diesem Kapitel von „dialogischer Pädagogik" die Rede. Da ich die mit dem Begriff des Dialogs verbundenen Ansprüche an die Qualität der Beziehungsgestaltung bereits aus der Tradition des dialogischen Denkens abgeleitet habe (s. 3.10), verzichte ich an dieser Stelle auf eine systematische Herleitung und Beschreibung der dialogischen Pädagogik (siehe z. B. Bingham/Sidorski 2010 und Blank 1983).

5.1 Wie Kinder Verantwortlichkeit lernen. Aspekte der moralischen Erziehung

Alle Formen von Verantwortung gehen von der Voraussetzung aus, dass sich jeder einzelne Mensch zugleich als Mensch-in-Gemeinschaft begreifen und verhalten soll. Die Orientierungspunkte für Denken und Handeln, die damit angesprochen sind, werden üblicherweise als „Werte" bezeichnet. Solche Werte sind z. B. Einfühlungsvermögen, Fähigkeiten zum Perspektivenwechsel, Mitgefühl, Fürsorglichkeit, Gemeinsinn, Solidarität, Gerechtigkeit. Ich spreche im Folgenden nicht von Werten, sondern von Verantwortung bzw. Verantwortlichkeit (als Einstellung zu und Übernahme von Verantwortung, weil ich diese als das Fundament oder auch das übergreifende Dach aller Werte verstehe. Und auch deshalb, weil im Begriff der Verantwortung – schon sprachlich – die Überzeugung steckt, dass das moralisch Gute aus einer wiederkehrenden „Antwort", aus dialogischer Existenz hervorgeht. Demgegenüber hat der Ruf nach vermehrter Werteerziehung allzu häufig im Zeichen eines missionarischen Eifers gestanden, der dem dialogischen Prinzip widerspricht und den Aufforderungscharakter konkreter und auch konfliktreicher Situationen und Beziehungen ausblendet (vgl. Hentig 1999).

Verantwortung kann und muss gelernt werden

Es ist nicht nur wünschenswert, sondern unser Gemeinwesen ist darauf angewiesen, dass die nachwachsende Generation bereit und fähig ist, Verantwortung für sich und andere zu übernehmen. Zwei grundlegende Fragen in diesem Zusammenhang lauten: Welche Voraussetzungen bringt der Mensch dafür von Geburt an mit, und was unterstützt ihn dabei in seinem Lebenslauf?

Die erste Voraussetzung lässt sich aus der Erkenntnis ableiten, dass nur gelernt werden kann, was im Menschen als Möglichkeit angelegt ist. Das gilt für den aufrechten Gang, für Sprechen und Denken, und es gilt auch für die Grundlagen sittlichen Verhaltens einschließlich von Verantwortung. Es gibt in der Entwicklungsbiologie Hinweise auf Anlagen zum Mitgefühl, zur Empathie und zum Altruismus (vgl. Gierer 1998). In die gleiche Richtung weist die Entdeckung der „Spiegel-Neurone" in der Hirnforschung; diese scheinen Imitationslernen, aber auch Empathie zu ermöglichen. Experimente im Rahmen der evolutionären Psychologie haben gezeigt, dass bereits Säuglinge ab dem 9. Lebensmonat Verhaltensweisen entwickeln, mit deren Hilfe sie sich auf Erwachsene einstellen und andererseits Erwachsene dazu bringen, sich auf sie einzustellen (vgl. Tomasello 2002, S. 79). Alle diese Befunde sprechen dafür, dass eine Reihe von Verhaltensdispositionen, die als Vorläuferfähigkeiten für Verantwortung gelten können, in der biologischen und kulturellen Evolution des Menschen angelegt sind; seine diesbezüglichen Untersuchungen hat Tomasello (2010, S. 19) dahingehend zusammengefasst, dass wir Menschen „zum Helfen geboren (und erzogen)" werden. Diese aktuellen Forschungsbefunde sprechen dafür, dass Verantwortlichkeit gelernt werden *kann*.

Die zweite Voraussetzung ergibt sich aus der Erkenntnis, dass die Entwicklung von Verhaltensdispositionen und Fähigkeiten nicht auf einem Reifungsprozess beruht. Vielmehr stellt die Entwicklung von Strukturen des Denkens und Fühlens sowie von Fähigkeiten aller Art eine aktive Leistung der heranwachsenden Person dar. Diese Leistung ist abhängig von der sozialen Mit- und Umwelt. Man muss nicht Pädagoge sein, um die große Bedeutung von Selbsttätigkeit und Erfahrung in und mit der Umwelt für die menschliche Entwicklung zu betonen. Die Hirnforschung beispielsweise belegt die „aktivitätsabhängige" und „erfahrungsabhängige" Entwicklung von Hirnstrukturen (vgl. Singer 2002, S. 47). Aus diesen und vielen weiteren Befunden lässt sich folgern: Die Bereitschaft und Fähigkeit, Verantwortung zu übernehmen (bzw. die dafür relevanten Verhaltensdispositionen), *müssen* gelernt werden.

Die beiden genannten Voraussetzungen dafür, dass die nachwachsende Generation die Bereitschaft und Fähigkeit entwickeln kann, Verantwortung für sich und andere zu übernehmen, stehen in einem unauflösbaren, wenn auch spannungsreichen Zusammenhang: Anlage und Umwelt, Natur und Kultur/Gesellschaft, Erben und Erwerben stehen in Wechselwirkung miteinander (s. Kapitel 1). Das heißt: Entwicklung und Erwerb der im Menschen angelegten Verantwortungsfähigkeit sind auf Lernen und auf Erziehung im Sinne von Lernhilfen („Aufforderung zum Lernen", s. Kapitel 2.5) angewiesen. Es kann aber auch Erziehungseinflüsse geben, die Entwicklung beeinträchtigen oder sogar verhindern. Die Anlage zur Verantwortlichkeit kann demnach durch Erziehung zur Entfaltung gebracht, sie kann aber auch verschüttet werden.

Auf welche Weise kann Verantwortung gelernt werden?

„Lernen" wird heute als eine selbsttätige, aktivitätsabhängige und konstruktive Leistung verstanden. Der Begriff des Lernens beschreibt einen Prozess der Erfahrung (vgl. Prange 1979 ff.), der in sozialen Beziehungen und Situationen angesiedelt ist. Er ist an Eindrücke, Inhalte, Informationen und damit an Umwelt gebunden und führt dazu, dass sich Verhaltensweisen entwickeln bzw. verändern können (vgl. Weidenmann 1989, S. 996).

Lernen kann verschiedene Formen annehmen:

- *„Implizites Lernen"* verweist auf unbewusste Lernprozesse, die aus gelebten Beziehungen hervorgehen; es kann dazu beitragen, dass sich Verhaltensdispositionen entwickeln, die für Verantwortung grundlegend sind; diese Lernform beschreibe ich an den Beispielen der frühen Bindungserfahrungen des Kindes sowie der kooperativen Moral in den Beziehungen der Kinder untereinander.
- *„Indirektes Lernen"* betrifft jene – ebenfalls überwiegend unbewussten – Lernprozesse, die durch die pädagogische Gestaltung der Umwelt angeregt werden. Indirektes Lernen kann dazu anregen, dass Verantwortung praktisch eingeübt wird. Diese Lernform erläutere ich am Beispiel von Partizipation.
- *„Intentionales Lernen"* kennzeichnet Prozesse des bewussten und strategischen Lernens, die durch gezielte Maßnahmen der Erziehung bzw. des Unterrichts angeregt werden (z. B. durch Aufforderungim Medium von Dialog, Aufklärung und Zumutung von Pflichten, Verantwortung zu übernehmen.) oder selbstinitiiert stattfinden können. Nur beim intentionalen Lernen wird Verantwortlichkeit explizit zum Ziel der Erziehung sowie zum Thema und Inhalt des Lernens.

Alle drei genannten Lernformen sind bedeutsam dafür, dass sich die Bereitschaft und Fähigkeit zur Verantwortlichkeit entwickeln. Nur analytisch lassen sie sich klar trennen – im Leben und Erleben gehen sie häufig ineinander über oder stehen in einer mehr oder weniger starken Verbindung. Vieles spricht dafür, dass eine Form des Lernens für sich genommen nicht ausreicht, um Kinder zur Verantwortlichkeit gelangen zu lassen. Beispielsweise können Kinder sich das Vorbild der Erwachsenen zu eigen machen, sie können ein solches Vorbild aber auch übersehen, vernachlässigen oder sogar ablehnen. Es bedarf daher auch der Aufforderung zur Verantwortung auf Seiten der Erwachsenen sowie der Einsicht und Entscheidung auf Seiten der Kinder. Umgekehrt läuft die Aufforderung zur Verantwortung ins Leere, wenn Erwachsene den Kindern kein Vorbild für verantwortliches Handeln sind.

Lernen ist in verschiedenen *sozialen Kontexten* angesiedelt. Neben der Familie als der ersten, dauerhaftesten und nachweislich auch wirksamsten Lernumwelt gehe ich auf die Gruppe der Gleichaltrigen und auf Tageseinrichtungen für Kinder ein (vgl. Liegle 2006, S. 51 ff.; Tietze/Rossbach/Grenner 2005).

Lernen ist außerdem in den *Lebenslauf* eingebettet. Das bedeutet einerseits, dass Lernen während des gesamten Lebens möglich ist und tatsächlich stattfindet. Andererseits lassen sich in verschiedenen Phasen des Lebens neben allgemeinen auch spezifische Merkmale hinsichtlich der *Formen des Lernens* beobachten. Beispielsweise sind erst im Alter von etwa 6 Jahren die kognitiven Voraussetzungen für intentionales Lernen voll entwickelt (vgl. Hasselhorn 2005). Aus diesem Grunde haben in der frühen Kindheit wahrscheinlich die Wege des impliziten und indirekten Lernens Vorrang; sie erschaffen das motivationale Fundament, auf welchem sich verantwortungsvolles Fühlen, Denken und Handeln entwickeln können (s. Kapitel 5.2).

Das *implizite*, unbewusste, gleichsam nebenbei aus der *Teilhabe an gelebten Beziehungen* hervorgehende Lernen ist nicht nur die lebensgeschichtlich erste, sondern wahrscheinlich insgesamt die wichtigste und wirksamste Form des Lernens. Dabei lassen sich zwei Aspekte analytisch unterschieden:

- die Erfahrung von Verbundenheit und
- das Lernen durch Identifizierung mit und Nachahmung von Vorbildern.

Die Erfahrung von Verbundenheit in der Familie

Die umfassende elterliche Sorge für den Nachwuchs ist der Ursprung der Idee von Verantwortung überhaupt. Eltern, die diese unbedingte Verantwortung angemessen wahrnehmen, ermöglichen dem ins Leben tretenden Kind, Fürsorglichkeit und Verbundenheit, Verlässlichkeit und Vertrauen, Anerkennung und Liebe zu erfahren. Diese Erfahrung begründet „Urvertrauen“, das im Verständnis von Erikson (1966, S. 62 ff.) Vertrauen in die Welt und Vertrauen in die eigene Person umfasst (s. 3.8). Wer als Kind diese Erfahrung am eigenen Leib gemacht hat, erwirbt damit die für Verantwortlichkeit grundlegende Bereitschaft und Fähigkeit, diese Erfahrung auch mit anderen Menschen zu teilen und ihnen mit Fürsorglichkeit und Verbundenheit, Verlässlichkeit und Vertrauen, Anerkennung und Liebe zu begegnen. Diese Folgerung legen jedenfalls die Befunde der Bindungsforschung nahe; sie zeigen, dass die in der frühen Kindheit erlebten Formen der Bindung zu „inneren Arbeitsmodellen“ entwickelt werden, die im weiteren Lebenslauf für die Gestaltung der zwischenmenschlichen Beziehungen von entscheidender Bedeutung sind (vgl. z. B. Grossmann/Grossmann 2003). Umgekehrt gibt es Hinweise darauf, dass eine der wichtigsten lebensgeschichtlichen Wurzeln für unverantwortliches Verhalten, wie z. B. Fremdenfeindlichkeit, in mangelnden oder traumatischen Bindungserfahrungen zu finden ist (vgl. Heitmeyer u. a. 1992).

Die Erfahrung von Verbundenheit in Tageseinrichtungen für Kinder

Nicht nur im Rahmen der Familie, sondern auch im Kontext der öffentlichen Erziehung bildet die Erfahrung von Verbundenheit eine wesentliche Grundlage dafür, dass Kinder selbstmotiviert und effektiv lernen (Ahnert/Gappa 2010). Für die Fachkräfte ergibt sich daraus die Aufgabe, auf jedes Kind achtsam und feinfühlig einzugehen und ihm Aufmerksamkeit und Zuwendung zu schenken. Das klingt eher nach Mütterlichkeit als nach Professionalität, und die Empiriker werden fragen, ob und wie dies denn gemessen werden könne. Und doch haben die genannten Wege der indirekten Erziehung auch in die Qualitäts-

und Wirkungsforschung Eingang gefunden. Im Bericht über eines der aufwändigsten frühpädagogischen Forschungsprojekte heißt es:

> „Die Qualität der Erzieherinnen-Kind-Interaktion erweist sich als besonders bedeutsam. Dort, wo Mitarbeiterinnen emotionale Wärme zeigen und aufmerksam auf die individuellen Bedürfnisse von Kindern eingehen, kann bei den Kindern eine höhere Sozialkompetenz festgestellt werden" (Sylva u. a. 2004, S. 159).

Die Bedeutung von Vorbildern

Nachahmung gehört zu den mächtigsten Antrieben für Lern- und Bildungsprozesse. Es liegt auf der Hand, dass Kinder sich besonders dann Verhaltensweisen, Kompetenzen und Einstellungen zueigen machen, wenn ihnen diese von Personen vorgelebt werden, mit denen sie sich emotional verbunden fühlen, mit denen sie sich identifizieren. Und ebenso liegt unter Aspekten der Professionalität auf der Hand: Vorbild-sein setzt ebenso wie Bindungsperson-Sein voraus, dass die Fachkräfte sich selber beobachten und sich selber erziehen. Die Art und Weise, wie Erwachsene für sich, füreinander und für Kinder Verantwortung wahrnehmen – beispielsweise durch Feinfühligkeit, Respekt und Anerkennung, in der Vereinbarung von Regeln des Gemeinschaftslebens, im Umgang mit Regelverletzungen, in der Bearbeitung von Konflikten – kann für Kinder zum Modell für das eigene Handeln werden.

Die Bedeutung der Erfahrung von Freundschaft und Geschwisterlichkeit

Alle gelebten Beziehungen sind auf Wechselseitigkeit angelegt. Wechselseitigkeit bestimmt auch die Prozesse des (impliziten) Lernens und der (impliziten) Erziehung. Kinder lernen nicht nur von Erwachsenen; umgekehrt lernen auch Erwachsene von Kindern. Zugespitzt kann man daher sagen: Nicht eine Person „erzieht" eine andere Person, sondern die gelebten und erlebten Beziehungen „erziehen". Mit solchen und weiteren Überlegungen habe ich den „dialogischen Ansatz" dieses Buches begründet.

Wechselseitigkeit gewinnt eine besondere Qualität in den Beziehungen der Kinder untereinander. Die Gleichaltrigengruppe (und auch die Geschwistergruppe) ist im Gegensatz zu den Beziehungen zwischen Erwachsenen und Kindern nicht durch einseitige Abhängigkeit, sondern durch prinzipielle Gleichrangigkeit gekennzeichnet. Aus diesem Grund gilt sie als derjenige soziale Ort, an dem Regeln in einer Weise ausgehandelt und gelernt werden, die einer demokratischen Gesellschaftsordnung entspricht: im Sinne der Verständigung und Absprache unter Gleichen. Die Beziehungen zwischen Gleichaltrigen – im voraufgehenden Kapitel war in diesem Zusammenhang von der „Kinderkultur" und dem hier angesiedelten „ko-konstruktiven Lernen" die Rede (s. Kapitel 4.3) – spielen daher eine entscheidende Rolle dafür, dass moralische Urteile im Sinne einer „kooperativen" und autonomen Moral zur Entwicklung gelangen können (vgl. Piaget 1932/1973, S. 223 ff.).

Insbesondere in Freundschaften haben Kinder die Chance, unter Bedingungen der Gegenseitigkeit Verantwortlichkeit zu lernen. Dabei meint Verantwortlichkeit, für die Folgen des eigenen Verhaltens einzustehen sowie für die Belange der Anderen und die wechselseitige Anerkennung von Regeln und Pflichten einzutreten.

Indirektes Lernen von Verantwortung durch Partizipation

Maria Montessoris Pädagogik stellt mit der „vorbereiteten Umgebung" an die Stelle von Belehrung die Ausstattung des Kinderhauses oder der Schulklasse mit Lernmaterialien, welche die Kinder zum selbsttätigen Erwerb von Fertigkeiten und Fähigkeiten herausfordern. In diesem Sinne betrachte ich Partizipation als Voraussetzung dafür und als Anregung dazu, Verantwortlichkeit praktisch einzuüben. Partizipation kann und muss in Abhängigkeit vom Entwicklungsstand der Kinder und vom sozialen Kontext des Lernens verschiedene Formen annehmen. Es lassen sich aber auch allgemeine Voraussetzungen für und Merkmale von Partizipation benennen, die das indirekte Lernen von Verantwortung unterstützen, wie z. B.: die Ermutigung dazu, die eigenen Belange, Interessen und Bedürfnisse geltend zu machen, und deren angemessene

Berücksichtigung; die Aufforderung, Belange, Interessen und Bedürfnisse Anderer abzuwägen; das Zugeständnis bzw. die Zumutung von Eigenverantwortung für bestimmte Tätigkeiten; die aktive Teilhabe an gemeinsamen Projekten und gemeinsamem Tun; die aktive Mitwirkung bei der Festlegung von Zielen, der Wahl der Mittel und der Gestaltung von Rahmenbedingungen hinsichtlich der Lebensführung in einer Gemeinschaft (vgl. z.B. Güthoff/Sünker 2001).

Partizipation und Verantwortung von Kindern gibt es nicht erst in heutigen *Familien*. Allerdings haben sich deren Verständnis und Erscheinungsformen gewandelt. Beispielsweise war es in bäuerlichen und Handwerkerhaushalten selbstverständlich, dass Kindern bereits in frühem Alter Mitverantwortung in der Familienwirtschaft zugemutet wurde. Für die Gegenwart könnte man sagen, dass als wichtigste verpflichtende Verantwortung der Kinder ihre Lernarbeit für die Schule gilt. Im Übrigen scheint an die Stelle der Zumutung von Pflichten immer stärker das Zugeständnis von Rechten zu treten. Für das Lernen von Verantwortung bedeutet dies beispielsweise: Kinder werden einbezogen, um Regeln für das Familienleben festzulegen; es besteht eine hohe Anforderung an wechselseitiges Einfühlungsvermögen; Eltern betonen als Ziel der Erziehung Selbstständigkeit, insbesondere im Sinne von Selbstkontrolle; es wird den Kindern viel Eigenverantwortung zugestanden, zum Beispiel. in der Wahl von Freunden, in ihren Freizeitaktivitäten, in Kaufentscheidungen und in der Mediennutzung (vgl. z.B. Ecarius 2002).

Als Beispiel für Ansätze der Partizipation in *Tageseinrichtungen* können die Bildungs- und Erziehungsempfehlungen für Kindertagesstätten in Rheinland-Pfalz dienen. Sie enthalten einen eigenen Abschnitt zum Thema „Selbstständiges Lernen und Partizipation von Kindern". Darin heißt es:

> „Die pädagogische Arbeit soll so angelegt sein, dass die Kinder zu selbstständigem Handeln und Lernen angeregt werden. Die Kinder sollen lernen, eigene Entscheidungen zu treffen und zu verantworten. Durch Partizipation im Alltag der Kindertagesstätte erleben Kinder zentrale Prinzipien von Demokratie. Partizipation setzt eine entsprechende Haltung von Erzieherinnen und Erziehern voraus, die sich in alltäglichen

Handlungen und in besonderen Methoden wie z.B. der Kinderkonferenz widerspiegeln" (Ministerium für Bildung 2004, S. 85).

Als Voraussetzungen und Formen des impliziten Lernens von Verantwortung werden u.a. genannt, dass

- den Kindern das Material zur freien Auswahl zur Verfügung steht,
- die Kinder über Art und Dauer einzelner Aktivitäten in der Regel frei entscheiden können,
- die Kinder kleine Gruppen bilden und sich für Einzeltätigkeiten spontan entscheiden können,
- die Erzieherinnen und Erzieher die Wünsche und Interessen der Kinder ernst nehmen und mit ihnen zusammen planen,
- Normen und Gebote den Kindern verständlich gemacht werden, wobei die Kinder die Zweckmäßigkeit in Frage stellen können,
- Regeln mit Kindern gemeinsam ausgehandelt werden.

Wie der „Kinderreport Deutschland 2012" des Deutschen Kinderhilfswerks (Lutz 2012) zeigt, können Kinder durch Mitbestimmung schon in jungem Alter Verantwortlichkeit lernen und auf diesem Wege soziale Kompetenzen erwerben, die sie in dem Sinne stark machen, dass sie erfolgreich mit belastenden Reizen und Situationen umgehen können („Resilienz"). Mit Blick auf Kinder aus benachteiligten Familien ergibt sich daraus die Chance, den Teufelskreis der sozialen „Vererbung von Armut" zu durchbrechen.

Intentionales Lernen von Verantwortung durch Dialog und die Zumutung von Pflichten

Die kognitiven Voraussetzungen für intentionales, bewusstes und systematisches Lernen sind bei Kindern im Vorschulalter noch nicht voll entwickelt (s. oben). Dennoch gilt: Auch Kinder im Vorschulalter sind fähig zur Einsicht, z.B. in den Sinn der Forderung, Unterschiede zwischen den Geschlechtern, zwischen Ethnien und Religionen wechselseitig anzuerkennen; sie sind fähig, Argumente zu verstehen und selber hervorzubringen, z.B. warum ein behindertes Kind besonderer Fürsorge bedarf; sie sind fähig, Regeln des Gemeinschaftslebens zu vereinbaren und bewusst anzuwenden; sie sind fähig, bewusst kleinere Pflichten zu übernehmen. Diese Fähigkeiten gezielt anzuregen und einzuüben, gehört zu den Aufgaben der Fachkräfte. Im Rahmen eines kontinuierlichen Dialogs können und sollten sie die Kinder zu verantwortungsvollem Denken und Handeln auffordern. Denn alles spricht dafür, dass die Formen des bewussten und intentionalen Lernens – zusätzlich zu den Formen des impliziten und indirekten Lernens – zu den Voraussetzungen dafür gehören, dass Kinder Verantwortlichkeit als Richtschnur für ihr Denken und Handeln verinnerlichen.

Gelegenheiten zum bewussten Lernen von Verantwortung sind beispielsweise:

- Die Aufnahme eines neuen Kindes in die Gruppe wird zum Thema gemacht;
- die Außenseiterstellung eines Kindes wird besprochen, und es wird gemeinsam überlegt, wie dieses integriert werden kann;
- leidvolle Erfahrungen von Kindern (z. B. ein Todesfall in der Familie) werden besprochen, und es wird gemeinsam überlegt, ob und wie Trauer hilfreich begleitet werden kann;
- es wird eine abwechslungsweise Übernahme kleiner Ämter und Pflichten im Gruppenleben (z. B. Tischdienst) vereinbart, und die diesbezüglichen Erfahrungen werden gemeinsam besprochen.

Bei der gezielten Herausforderung bewussten Lernens von Verantwortung besteht die Gefahr, dass diese von den Kindern als moralischer Appell oder sogar Druck erlebt wird und in der Folge ihren eigenen Antrieb, Verantwortung zu übernehmen, eher schwächt als stärkt. Dieser Gefahr kann wohl am besten dadurch begegnet werden, dass die Zumutung von Verantwortung in eine Praxis der Partizipation und des Engagements in konkreten Projekten eingebettet ist, und insbesondere dadurch, dass die impliziten Lernprozesse dazu angetan sind, die Kinder Verbundenheit und die Anerkennung ihrer Person erfahren zu lassen.

5.2 Perspektiven einer Didaktik der indirekten Erziehung

Seit einigen Jahren ist eine *Renaissance der Didaktik* in der bzw. für die Pädagogik der frühen Kindheit zu beobachten. Sie steht im Zusammenhang mit den Initiativen und Maßnahmen zu einer verbesserten Professionalisierung der frühpädagogischen Fachkräfte. Diese deute ich als Reaktion auf die „Bildungskatastrophe", die mit Verweis auf die PISA-Studien diagnostiziert worden ist, eine Variante übrigens der Reaktion auf die „Bildungskatastrophe" vor 40 Jahren, die wie diese nicht zuletzt darauf abzielte, den Kindergarten als erste Stufe des Bildungssystems zu begreifen und auszugestalten.

Wenn wir Tageseinrichtungen für Kinder als Bildungseinrichtungen zum Thema machen, fragen wir danach, unter welchen Zielsetzungen, im Hinblick auf welche Inhalte und Kompetenzen und auf welchen Wegen diese Einrichtungen die Bildungsprozesse der Kinder unterstützen, anregen, herausfordern und fördern sollen und können. Es geht dabei also um die professionelle Aufgabe, vor welche die Fachkräfte gestellt sind, wenn sie die Kinder auf ihrem Weg ins Leben begleiten sollen. Mit Hilfe des „didaktischen Dreiecks" – Ziele, Inhalte, Methoden – lässt sich jene professionelle Tätigkeit reflektieren, die in der deutschen Fachsprache mit Blick auf die Schule *Unterricht* und mit Blick auf die Frühpädagogik *Erziehung* genannt wird. Deshalb spreche ich nicht wie üblich vom Bildungsauftrag, sondern vom Erziehungsauftrag der Tageseinrichtungen für Kinder (s. Kapitel 2.5).

Im Folgenden konzentriere ich mich auf den dritten Aspekt der Didaktik: die Wege der Erziehung, freilich mit Verweisen auf Ziele und Inhalte; denn die Entscheidung für bestimmte Wege ist nicht unabhängig von bestimmten Zielen und Inhalten zu treffen. Für die Ziele und Inhalte der Erziehung und Bildung im Kindergarten gilt allerdings, dass sie den Fachkräften großenteils vorgegeben sind durch die einschlägigen Gesetze und Erlasse, durch die Bildungs- und Erziehungspläne der Länder sowie durch die Träger der Tageseinrichtungen. Demgegenüber halte ich die reflektierte Praxis der Wege der Erziehung für den Kernbereich der pädagogischen Freiheit und daher auch für ein zentrales Anliegen der Ausbildung sowie der Fort- und Weiterbildung. Ich greife diesen Kernbereich auch deshalb heraus, weil hier die derzeitige Krise der Frühpädagogik nach meiner Auffassung besonders deutlich zum Ausdruck kommt: Es wird in vielen politischen Absichtserklärungen auf nationaler wie auf internationaler Ebene und auch in vielen Projekten die Vorstellung stark gemacht, Kompetenzen, Wissen und Werte könnten übertragen, gezielt beigebracht und trainiert werden. Mit diesen Vorstellungen, die natürlich auch die Erwartungen von Eltern an die Leistungen des Kindergartens prägen, werden, wie ich aufzeigen möchte, die Gesetzmäßigkeiten verfehlt, die nachhaltigen Bildungsprozessen zugrunde liegen, zuerst und vor allem in der frühen Kindheit, aber nicht nur in dieser Lebensphase.

Zwei Wege der Erziehung: „Indirekte" und „direkte" Erziehung

Ich unterscheide zwei Wege der Erziehung: Formen der „indirekten" Erziehung und Formen der „direkten" Erziehung. Diese Unterscheidung ist vorläufig und fragwürdig; ich stelle sie zur Diskussion, um grundlegende Aspekte des professionellen Handelns der Fachkräfte reflektieren zu können.

Beide Wege der Erziehung verstehe ich als Antworten auf die Lebensäußerungen von Kindern, auf ihre Signale, Bedürfnisse und Aktivitäten. Beide beinhalten dialogisches, das heißt ver-antwortliches Sehen und Denken, Verhalten und Handeln in dem Sinne, dass ich bedenke und in Rechnung stelle: Mein Verhalten und Handeln können für dieses Kind Folgen haben; das gilt für mein absichtsvolles Verhalten und Handeln ebenso wie für mein spontanes, unbeabsichtigtes Verhalten und Handeln; und dementsprechend können die Folgen beabsichtigt oder unbeabsichtigt sein. Verantwortliche Erziehung ist insofern immer ein kommunikatives, ein dialogisches Geschehen. Erziehung als Dialog hat zur Voraussetzung, was Martin Buber „Umfassung" genannt hat; damit ist gemeint, dass die erziehenden Erwachsenen dazu bereit und fähig sind, ihr Verhalten und Handeln von der Gegenseite her, also vom Kind her, zu erfahren (Buber 1953, S. 36 f.).

Im Falle der *direkten* Erziehung geschieht die Aufforderung zur Bildung ausdrücklich, das heißt: sie geht von einer gezielten Initiative der Erzieherin aus, diese wendet sich an das Kind in erster Linie in der Form von Sprache und es geht dabei um jeweils bestimmte Wissensinhalte oder Fertigkeiten oder Kompetenzen. Direkte Erziehung geschieht so, dass das Kind die Absicht des Erziehens bemerkt und sich dessen bewusst ist, dass und was es lernen soll. Und eben dies: bewusstes und gezieltes Lernen erwartet die Erzieherin vom Kind.

Im Falle der *indirekten* Erziehung geschieht die Aufforderung zur Bildung dadurch, dass die Erzieherin Lern- und Spielgelegenheiten schafft; diese liegen im emotionalen Klima der Einrichtung, im Vorbild-Verhalten der Erzieherin, in der Ausstattung der Räume wie zum Beispiel der Einrichtung einer Forschungswerkstatt usw. Die Erzieherin setzt auf die Eigeninitiative der Kinder, auf ihre Lernlust und ihren Tatendrang. Indirekte Erziehung geschieht so, dass die Kinder die Absicht des Erziehens *nicht* bemerken und sich dessen *nicht* bewusst sind, dass und was sie in bestimmten Situationen lernen. Und eben dies: implizites, aus sinnvoller Selbsttätigkeit nebenbei hervorgehendes, unbewusstes Lernen erwartet die Erzieherin in diesem Falle vom Kind. Besonders deutlich lässt sich diese Form des Lernens am „spielenden Lernen" illustrieren (s. Kapitel 2.4).

Die beiden Wege der Erziehung setzen also unterschiedliche Akzente im Hinblick auf das professionelle Handeln der Erzieherin und im Hinblick auf die Art und Weise des Lernens von Kindern. In der Praxis lassen sich die beiden Wege nicht scharf von einander trennen, vielmehr gibt es Überschneidungs- und Verbindungsformen von direkter und indirekter Erziehung.

Beide Wege der Erziehung sowie die Überschneidungs- und Verbindungsformen beider Wege sind wichtig, wenn es darum gehen soll, die Bildungsprozesse der Kinder nachhaltig zu unterstützen und herauszufordern. Dies zeigen die Tradition frühpädagogischer Konzepte seit Fröbel, das Alltagswissen in der Profession und einschlägige Forschungsbefunde. Ein Beispiel aus der Forschung: Fallstudien im Rahmen einer der umfangreichsten und gründlichsten Untersuchungen – des englischen „Effective Provision of Pre-School Education Project" (EPPE-Projekt) – haben belegt (Sylva u. a. 2004):

> „Die wirkungsvollste pädagogische Arbeit besteht sowohl aus der anleitenden Vermittlung von Lerninhalten als auch aus dem Zur-Verfügung-Stellen von frei gewählten, jedoch potentiell lehrreichen spielerischen Aktivitäten" (a. a. O., S. 161).

Eine weitere Beschreibung des untersuchten Sachverhalts verweist zusätzlich auf einen Überschneidungsbereich zwischen direkter und indirekter Erziehung:

> „Eine erfolgreiche pädagogische Vorgehensweise beinhaltet sowohl Interaktionsformen, die traditionellerweise als ‚Unterrichten/Lehren' betrachtet werden, als auch die Bereitstellung einer anregenden Lernumwelt sowie ausgedehnte Phasen, in denen durch die Erzieherinnen gemeinsam geteilte Denkprozesse mit den Kindern herausgefordert und erweitert werden" (a.a.O., S. 165f.).

Das Konzept der „gemeinsam geteilten Denkprozesse" bietet ein gutes Beispiel für die Verbindung von indirekter und direkter Erziehung; es realisiert außerdem eine *dialogische* Gestaltung der Erziehung; dabei geht die Initiative (z.B. in Gestalt von Fragen) von beiden Seiten – Erzieherin und Kindern – aus, und es werden die Initiative und Aktivität der Kinder von der Erzieherin gezielt herausfordert. Um ein konkretes Beispiel zu nennen: Anlässe für gemeinsam geteilte Denkprozesse ergeben sich in der Forschungswerkstatt; Kinder experimentieren, sie stellen Fragen; die Erzieherin geht auf diese Fragen ein; sie zeigt oder erklärt etwas; sie fragt die Kinder, wie sie auf diesen Lösungsweg gekommen sind usw.

Für eine produktive Weiterentwicklung der frühpädagogischen Didaktik scheinen mir zwei Forderungen besonders wichtig zu sein: Erstens sollten Wege der *indirekten* Erziehung die Grundlage und den Schwerpunkt des professionellen Handelns bilden. Zweitens sollten auch die Wege der *direkten* Erziehung *dialogisch* gestaltet werden. Das gilt auch für Wissensvermittlung, Instruktion, Lehren und Unterricht, für Formen der direkten Erziehung also, die in den vorausgegangenen Zitaten aus der englischsprachigen Forschung angesprochen worden sind und die zunächst so klingen, als handle es sich bei direkter Erziehung um eine Einwegstraße des Beibringens.

Zunächst also zur *indirekten* Erziehung als Grundlage und Schwerpunkt des professionellen Handelns. Zwei amerikanische Forscherinnen haben diesbezügliche Erkenntnisse wie folgt zusammengefasst:

> „Im Falle von Wissen und Fertigkeiten kann das Lernen durch aktives Forschen und Studieren, durch angemessene Instruktion und viele andere Prozesse gefördert werden. Allerdings können Dispositionen und Gefühle nicht durch Studieren, durch direkten oder systematischen Unterricht gelehrt werden. Dispositionen scheinen von Modellen übernommen und durch wiederholtes Auftreten und Wertschätzen verstärkt zu werden. Sie werden schwächer, wenn sie nicht ausreichend häufig gezeigt, bestätigt oder wirksam eingesetzt werden. Gefühle werden eher beiläufig als Nebenprodukte der Erfahrung gelernt, nicht durch Unterricht. Sowohl Dispositionen als auch Gefühle kann man insofern als zufällige Lernergebnisse betrachten, als sie die Prozesse des Erwerbs von Kenntnissen und Fähigkeiten begleiten" (Katz/Chard 2000, S. 214).

Dieses Forschungsresümee stimmt mit demjenigen aus der EPPE-Studie darin überein, dass beide Wege – indirekte und direkte Erziehung – als wichtig gelten und mit einander verbunden werden sollten, um pädagogische Qualität gewährleisten zu können. Es fällt jedoch auf, dass bei Katz und Chard den Wegen der indirekten Erziehung tendenziell ein größeres Gewicht zugeschrieben wird als der direkten Erziehung. Die (wie ich meine) wichtigsten Aspekte der Bildung – Dispositionen und Gefühle – können nach Katz und Chard nicht auf dem Wege der direkten Erziehung gleichsam beigebracht werden. Dispositionen und Gefühle werden von den Kindern aktiv und mehr oder weniger unbewusst angeeignet, dadurch zum Beispiel, dass sie „Modelle übernehmen", „Wertschätzung" und „Bestätigung" erleben und bestimmte „Erfahrungen" machen, aus welchen „zufällige Lernergebnisse" hervorgehen. Diese Wege des Lernens können nach Katz und Chard am besten unterstützt und angeregt werden durch entsprechende Wege der Erziehung, also: Modell/Vorbild für die Kinder sein, den Kindern Wertschätzung und Bestätigung schenken, den Kindern Erfahrungen ermöglichen, Wege der Erziehung also, die ich versuchsweise in einer Didaktik der indirekten Erziehung verorte.

Diese Sichtweise wird unterstützt durch die Ergebnisse der Begleitforschung zu aktuellen frühpädagogischen Förderprogrammen, z. B. zu dem groß angelegten Sprachförderungsprogramm „Sag mal was" in

Baden-Württemberg. Die Forscher haben festgestellt: Die gezielte Förderung durch spezielle Trainingseinheiten in Gruppen von sprachlich schwach entwickelten Kindern hat wenig erbracht. Die Forscher empfehlen daher, „die Sprachförderung in die tägliche Arbeit zu integrieren", beispielsweise dadurch, dass „mehr Erzählräume geschaffen werden", Gelegenheiten und Herausforderungen zum Sprechen, wie sie etwa das gemeinsame Essen bieten kann (Stuttgarter Zeitung, 30.4.2009, S. 6) – ein typischer Fall für die Wege der Erziehung, die ich unter dem Begriff der indirekten Erziehung zusammenfasse. Um diesem Teil ihrer professionellen Verantwortung gerecht werden zu können, brauchen die Erzieherinnen – so die Forscher – „mehr fachliches und mehr didaktisches Wissen, um in den Tagesstätten Situationen gestalten zu können, die Kinder zum Sprechen anregen". Kinder „müssen zu Wort kommen, sie brauchen gezielte Anregung". Indirekte Erziehung meint also nicht Verzicht auf Erziehung in dem Sinne, dass Erzieherinnen indirekte Lernprozesse ablaufen lassen. Vielmehr beinhaltet indirekte Erziehung die bewusste und absichtsvolle Gestaltung der interpersonalen, situativen, räumlichen und sächlichen Umwelt der Tageseinrichtung.

Die vorangegangenen Überlegungen sowie die skizzierten Forschungsbefunde legen das folgende Zwischenresümee nahe: Der Kindergarten kann seine Aufgabe als Bildungseinrichtung am besten erfüllen, wenn es den Fachkräften gelingt, eine gute Passung zwischen den Wegen des kindlichen Lernens und den Wegen der Erziehung zu realisieren. Da aber die Lernprozesse der Kinder im Vorschulalter überwiegend implizit/indirekt verlaufen, bedeutet das Postulat der Passung in diesem Fall, dass den Wegen der indirekten Erziehung besondere Aufmerksamkeit geschenkt werden sollte.

Dieses Resümee wird bestätigt durch die Ergebnisse der neueren, vor allem von Marcus Hasselhorn vertretenen psychologischen Lernforschung:

> „Einen Großteil dessen, was wir im Laufe unseres Lebens lernen, lernen wir unbeabsichtigt und eher beiläufig. (…) Nichtstrategisches inzidentelles ‚d.h. zufälliges' Lernen entsteht häufig allein dadurch, dass Personen mit Informationen konfrontiert werden. So kann z.B. die spielerische Erfahrung mit Schrift Kinder bereits sehr früh beiläufig mit verschiedenen

> Aspekten von Schrift vertraut machen, sodass ihnen später der absichtliche und gezielte Erwerb der Schriftsprache viel leichter gelingt … Bisherige Konzepte für schulisches Lernen bauen sehr stark auf Prozesse des expliziten und intentionalen Lernens, die im Alter zwischen 4 und 6 Jahren nur sehr eingeschränkt umsetzbar sind" (Hasselhorn 2005, 86).

Hier wird, grob gesprochen, den unterschiedlichen Voraussetzungen und Wegen des Lernens in der frühkindlichen und schulischen Lebensphase besondere Aufmerksamkeit geschenkt, und es wird damit das besondere Profil einer frühpädagogischen Didaktik empirisch begründet.

Beiträge aus der Hirnforschung gehen – übrigens in Übereinstimmung mit Traditionen des pädagogischen Denkens – noch einen Schritt weiter: Sie betonen die allgemeinen Grenzen der direkten Erziehung und des intentionalen Lernens jenseits von alters- bzw. entwicklungsbedingten Unterschieden. Damit komme ich zu meiner zweiten These und Forderung: Auch direkte Erziehung funktioniert nicht als Einbahnstraße, auch sie muss dialogisch verfasst sein und hat Aktivität auf beiden Seiten – Erzieherin und Kind – zur Voraussetzung. Auf die Frage, warum Lehren und Lernen so schwierig sind, gibt Gerhard Roth (2004) zwei Antworten:

> „(1) Wissen kann nicht *übertragen* werden; es muss im Gehirn eines jeden Lernenden *neu geschaffen* werden. (2) Wissensaneignung beruht auf Rahmenbedingungen und wird durch Faktoren gesteuert, die *unbewusst* ablaufen und deshalb nur schwer beeinflussbar sind" (a. a. O., S. 497).

Damit wird zum einen formuliert, was in der Frühpädagogik weithin konsensfähig ist: Lernen/Bildung beinhaltet nicht passive Übernahme, sondern *aktive Konstruktionsleistungen*. Zum anderen aber werden mit dem Verweis auf Rahmenbedingungen Wege der indirekten Erziehung sowie des unbewussten Lernens betont, eine Sichtweise, die Gerhard Roth in seiner abschließenden Betrachtung zugespitzt formuliert:

> „Wir ‚haben' keinen direkten, willentlichen Einfluss auf den Lernerfolg, weder auf den eigenen noch den unserer Schüler,

> sondern jede Einflussmöglichkeit geht nur über die Beeinflussung der *Rahmenbedingungen* des Lehrens und Lernens" (a. a. O., S. 505 f.).

Diese Erkenntnis nötigt uns, das Konzept der direkten Erziehung noch einmal neu zu bedenken. Es bleibt bestehen, dass direkte Erziehung in dem Sinne wichtig ist, dass die Initiative von der Erzieherin ausgeht und auf bestimmte Inhalte des Wissens und Könnens bezogen ist. Man kann dabei z. B. auch von Wissensvermittlung und Instruktion sprechen, aber doch nur dann, wenn man sich gleichzeitig klar macht: Alles Vermitteln und Instruieren läuft ins Leere, wenn es nicht auf die Lernmotivation, den Lernwillen der Kinder trifft und die Eigenaktivität der Kinder anspricht (Neu-Schaffung des Wissens heißt das bei Gerhard Roth); und das kann am besten geschehen durch die Gewährleistung förderlicher Rahmenbedingungen. Insofern kann man sagen, dass es direkte Erziehung im strengen Sinne gar nicht geben kann, weil sie letztendlich nur auf indirektem Wege – über die Rahmenbedingungen und über die Aktivität der Kinder – zur Wirkung gelangen kann.

„Zufälliger Unterricht" und „zufälliges Lernen": Von Fröbel zur heutigen Forschung

Die Befunde der aktuellen Forschung belegen, dass in der Frühpädagogik den Wegen der indirekten Erziehung zwar keine ausschließliche, aber doch eine (im Vergleich zu Wegen der direkten Erziehung) vorrangige Bedeutung zugeschrieben werden kann, und zwar deshalb, weil diese am besten geeignet erscheinen, die in der frühen Kindheit vorherrschenden Formen des Lernens wirkungsvoll zu unterstützen und anzuregen. Diese Erkenntnis geht heutzutage aus wissenschaftlichen Untersuchungen hervor, aus der Qualitäts- und Wirkungsforschung, der psychologischen Lernforschung und der Hirnforschung. Als solche ist diese Erkenntnis jedoch nicht neu, sie ist vielmehr in der Tradition der Frühpädagogik und in der guten Praxis des Kindergartens angelegt. Alle weltweit verbreiteten Konzepte der Erziehung in früher Kindheit rücken Wege der indirekten Erziehung ins Zentrum der professionellen Tätigkeit der Erzieherin. Das gilt für Fröbel mit seiner Pädagogik der

Spielgaben, der Legetäfelchen etc.; es gilt für Maria Montessori und ihre Pädagogik der „vorbereiteten Umgebung"; und es gilt für die Reggio-Pädagogik und ihre Pädagogik der hundert Sprachen der Kinder, der Projekte, Ateliers, Sinnesräume usw.

Die Zusammenhänge zwischen aktuellen Forschungsbefunden und der geschichtlichen Tradition der Frühpädagogik lassen sich am folgenden Beispiel gut illustrieren: In dem zitierten Forschungsresümee von Katz ist davon die Rede, dass sowohl Dispositionen als auch Gefühle als *zufällige* Lernergebnisse zu betrachten sind. Ganz entsprechend beschreibt Hasselhorn das *inzidentelle*, also *zufällige* Lernen als eine der wichtigsten Formen des Lernens. Und nun zurück zu den historischen Anfängen des Kindergartens: In einem Brief benennt Fröbel (1839/1982) für die Erziehung im Kindergarten drei Merkmale: Es handle sich um den ersten Unterricht, um Spielunterricht und um *zufälligen* Unterricht. Die Übereinstimmung ist frappant. Besonders interessant ist jedoch ein Unterschied: Fröbel spricht vom Zufälligen nicht in der Perspektive der Kinder, d. h. der Aneignungstätigkeit, des Lernens; vielmehr benennt er das Zufällige in der Perspektive der Erzieherin, d. h. der Vermittlungstätigkeit, des Unterrichts. In diesem vermeintlichen Widerspruch liegt die Aufforderung zu dialektischem Denken, und es liegt darin die Chance, den Kern dessen zu begreifen, was „indirekte Erziehung" bedeutet. Das Lernen der Kinder im Vorschulalter findet zu einem großen Teil unbewusst, beiläufig, zufällig statt. Dasjenige jedoch, was den Kindern als Gelegenheiten und Herausforderungen zum Lernen „zufällt", hängt davon ab, was sie in ihrer Umwelt – in diesem Fall: dem Kindergarten – vorfinden. Es kommt also darauf an – und damit sind wir bei der professionellen Verantwortung der Fachkräfte –, diejenigen Gelegenheiten und Herausforderungen zum Lernen zu schaffen, die den Kindern „zufallen" können. Zugespitzt: Professionalität kommt darin zum Ausdruck, die Zufälle nicht dem Zufall zu überlassen. Oder: Eine zentrale Aufgabe besteht darin, „zufällige" Lernprozesse zu ermöglichen, zu planen, vorzubereiten, zu inszenieren, zu beobachten, zu dokumentieren und für die Planung weitere Lernanlässe auszuwerten. Wenn Kinder zum Beispiel auf einer Exkursion Erfahrungen sammeln, sich auf ein Spiel einlassen, in einem Projekt nach der Lösung eines Problems suchen, in der Forschungswerkstatt sich einem Experiment widmen, oder auch, wenn sie, orientiert am Vorbild der Erzieherin, eine

Lösung für einen Konflikt suchen, dann tritt in diesen und in vielen weiteren denkbaren Situationen beides in Erscheinung: zufälliger Unterricht im Sinne von Fröbel, also indirekte Erziehung, und zufälliges Lernen im Sinne von Hasselhorn.

Eine zentrale Zukunftsaufgabe der Frühpädagogik sehe ich deshalb darin, die Möglichkeiten und Grenzen der Anregung zufälliger Lernprozesse in der Praxis und in Praxisprojekten auszuloten, in der Profession zu reflektieren und in der Forschung zu untersuchen. Man könnte auch von Umweltpädagogik, Umweltplanung und Umweltforschung sprechen.

Frühpädagogik als Umweltpädagogik

Der Kindergarten ist nach, neben und zusammen mit der Familie die wichtigste Umwelt des Kindes bzw. der wichtigste soziale Ort der Erziehung und Bildung. Wie die Familie weist auch die Umwelt Kindergarten mehrere Dimensionen auf:

1. Die interpersonale Dimension:
   Perspektivenwechsel: Nicht die Erzieherin erzieht die Kinder, sondern: Die (dialogischen) Beziehungen zwischen Erzieherin und Kindern sowie der Kinder unter einander wirken erzieherisch.
2. Die räumliche Dimension:
   Der ganze Kindergarten (samt Außenfläche) ist Lernort.
3. Die sächliche Dimension
   In allen Dingen, die zur Ausstattung des Kindergartens gehören, liegt eine Aufforderung zur Bildung.
4. Die inhaltliche Dimension
   Die Aneignung der Welt geschieht in der aktiven Auseinandersetzung des Kindes bzw. der Kindergruppen mit den Phänomenen der Kultur und der Natur.
5. Die zeitliche Dimension
   Der ganze Tag im Kindergarten ist Lernzeit.

Erzieherinnen haben die professionelle Aufgabe, die räumliche und sächliche, inhaltliche und zeitliche Umwelt der Tageseinrichtung vorzubereiten, zu inszenieren und zu gestalten und dabei die Möglichkeiten der Eigeninitiative, Wahl und Mitgestaltung auf Seiten der Kinder zu berücksichtigen. Vor allem aber stellen die Fachkräfte selber eine wirksame Umwelt für die Kinder dar.

Die Erzieherin als Umwelt der Kinder

Sie selber, die Erzieherinnen, sollten sich als eine nach Möglichkeit förderliche Umwelt für die Kinder vorbereiten. Diese Aufgabe beinhaltet drei Aspekte: 1. Bindungsperson sein, 2. Dialogpartnerin sein und 3. Vorbild sein.

Bindungsperson sein – dies bedeutet, ganz im Sinne alten pädagogischen Wissens, aber auch der Befunde der Bindungsforschung und weiterer Forschungsrichtungen: den Kindern die Erfahrung von Vertrauen und Verlässlichkeit, Verbundenheit und Anerkennung ermöglichen. Auf diese Erfahrungen ist jedes Kind angewiesen. Nur auf diesem Weg kann es Vertrauen in die Welt und Selbstvertrauen, Neugier, Lernmotivation und Explorationsverhalten, Gemeinschaftsfähigkeit und die Bereitschaft zur Anerkennung Anderer entwickeln und aufrechterhalten. Diese grundlegenden Dispositionen und Gefühle können Kinder nur in den gelebten Beziehungen mit vertrauten Erwachsenen entwickeln. Für die Fachkräfte ergibt sich daraus die Aufgabe, sich auf die Begegnung von Person zu Person einzulassen, auf jedes Kind achtsam und feinfühlig einzugehen und ihm Aufmerksamkeit und Zuwendung zu schenken. Das klingt eher nach Mütterlichkeit als nach Professionalität, und die Empiriker werden fragen, ob und wie das denn gemessen werden kann. Und doch haben die genannten Wege der indirekten Erziehung auch in die Qualitäts- und Wirkungsforschung Eingang gefunden. Im Bericht über das bereits erwähnte englische Großprojekt heißt es:

> „Die Qualität der Erzieherinnen-Kind-Interaktion erweist sich als besonders bedeutsam. Dort, wo Mitarbeiterinnen emotionale Wärme zeigen und aufmerksam auf die individuellen Bedürfnisse von Kindern eingehen, kann bei den Kindern eine höhere Sozialkompetenz festgestellt werden" (Sylva u.a. 2004, S. 159).

Dialogpartnerin sein – dies bedeutet eine Praxis der Verbundenheit, in welcher der gemeinsame Bezug auf ein Drittes, ein Thema, eine Sache, einen Gegenstand bedeutsam ist. Zum Beispiel: dem Kind etwas erzählen, vorlesen, zeigen, erklären; mit dem Kind sprechen, ihm Fragen stellen, ihm zuhören und auf seine Fragen eingehen, alltägliche Handlungen sprachlich begleiten, mit dem Kind singen, tanzen usw. Ein Großteil der entwicklungsrelevanten Bildungsprozesse geht aus dialogischer Praxis hervor; die Welt bekommt Bedeutung und Sinn dadurch, dass sie sich uns in der kommunikativen Erfahrung mit bedeutsamen Anderen (Erwachsenen und Kindern) erschließt.

Vorbild sein – dies bedeutet, ganz im Sinne alten pädagogischen Wissens, aber auch zahlreicher Forschungsbefunde: den Kindern das Lernen am Modell, das Imitationslernen ermöglichen. Nachahmung gehört zu den mächtigsten Antrieben für Lern- und Bildungsprozesse. Was die Forschung belegt, kann man auch in einem einzigen Satz zusammenfassen, der von Karl Valentin stammt: „Kinder lassen sich nicht erziehen, die machen sowieso, was wir tun." Es liegt auf der Hand, dass Kinder sich besonders dann Verhaltensweisen, Kompetenzen und Einstellungen zu eigen machen, wenn diese ihnen von Personen präsentiert werden, mit denen sie sich emotional verbunden fühlen, mit denen sie sich identifizieren. Und ebenso liegt unter Aspekten der Professionalität auf der Hand: Vorbildsein setzt ebenso wie Bindungsperson-Sein voraus, dass die Fachkräfte sich selber beobachten und sich selber erziehen.

Die Hinweise auf die große Bedeutung des Vorbilds bzw. des Lernens am Modell führen noch einmal zurück zum „zufälligen" Lernen. Ihre Erzieherinnen können sich die Kinder ebenso wenig wie ihre Eltern wählen. Diese fallen den Kindern als Bindungspersonen und Vorbilder zu, d.h.: Es ist für die Kinder Zufall, mit welchen Erzieherinnen sie es zu tun haben, oder auch ein Schicksal, dem sie nicht entkommen können. Aus dieser unvermeidbaren Ausgangssituation und Konstellation geht die professionelle Verantwortung hervor, von der bereits die Rede war: die Zufälle nicht dem Zufall zu überlassen, und das heißt in diesem Zusammenhang: sich selber als eine förderliche personale Umwelt zu gestalten, als Bindungsperson, als Dialogpartner und eben auch als Vorbild für die Kinder, ein Vorbild, das es wert ist, dass Kinder es als Modell für ihre zufälligen Lernprozesse erfahren – in der Art und Weise zu sprechen, in der Art und Weise, Gefühle zu zeigen, in der Art und Weise, Fragen zu stellen, in der Art und Weise, Konflikte zu lösen usw.

Um einen letzten Aspekt der indirekten Erziehung zu benennen. Es gehört zu den wichtigsten Potentialen und Aufgaben von Tageseinrichtungen, für die schöpferischen Bildungsprozesse, die von den selbstorganisierten und selbstbestimmten gemeinsamen Aktivitäten der Kinder ausgehen können, Räume, Materialien und Gelegenheiten zu schaffen (s. Kapitel 4.3).

Strukturelle Rahmenbedingungen: Der Kindergarten in seiner Umwelt

Ob die anspruchsvollen Aufgaben einer dialogischen Erziehung im Alltag des Kindergartens gelingen können, hängt von den beteiligten Personen (Fachkräfte, Kinder, Eltern) und ihren wechselseitigen Beziehungen ab. Es hängt aber auch davon ab, ob Rahmenbedingungen gewährleistet sind, die für die Wahrnehmung dieser Aufgaben die notwendigen Voraussetzungen schaffen. Darüber entscheiden die Formen der Institutionalisierung von Kindheit, die ihre Konturen gewinnen durch Regime der Politik und des Rechts, der Professionalisierung der Fachkräfte, der Organisation und der Finanzierung. Die Frühpädagogik steht derzeit zwar im Zentrum öffentlicher Debatten und politischen Handelns. Gleichzeitig jedoch steckt die Frühpädagogik in einer beunruhigenden Krise. Die Rahmenbedingungen – beispielsweise der Zuschnitt der Ausbildung, die Zahl der Kinder, die auf eine Fachkraft kommen, die Zahl der Arbeitsstunden und deren Vergütung – sind nicht dazu angetan, die Entwicklung und Verbreitung einer kindzentrierten Didaktik des Erziehens auf einem hohen Niveau der pädagogischen Qualität strukturell zu untermauern, und dies eben nicht nur in einer gewissen Zahl von Modelleinrichtungen. Außerdem haben sich politische Absichtserklärungen auf der nationalen wie auf der transnationalen Ebene sowie eine Vielzahl politisch initiierter Projekte ganz überwiegend einer Engführung der Didaktik verschrieben, die dem Credo folgt, den Kindern müssten und könnten wünschenswerte und brauchbare Kompetenzen gezielt beigebracht werden, um auf diesem Wege das künftige Humanvermögen der Wissensgesellschaft zu sichern.

Schluss

Eine Vielfalt von Praxiserfahrungen und Forschungsbefunden spricht dafür – und dies durchaus in Übereinstimmung mit den weltweit wirksamen geschichtlichen Traditionen der frühpädagogischen Didaktik –, dass Wege der indirekten Erziehung und, damit korrespondierend, Prozesse des zufälligen Lernens zu einem zentralen Thema der Frühpädagogik werden. Dies gilt für die Profession ebenso wie für die Wissenschaftsdisziplin. Um es normativ zu formulieren: Eine nachhaltige Professionalisierung der Fachkräfte hat zur Voraussetzung, dass die Didaktik der indirekten Erziehung zu einem Schwerpunkt der Aus- und Weiterbildung ausgebaut wird. Und: Die auf Qualitätsentwicklung und Evaluation ausgerichtete Forschung kann den besonderen Potentialen und Herausforderungen der Erziehung und Bildung in früher Kindheit nur dann gerecht werden, wenn sie ihr Augenmerk mehr als bislang auf jene „zufälligen" Lernprozesse lenkt, die eine verantwortungsvoll gestaltete Umwelt anzuregen vermag und die aus einem verantwortungsvoll gestalteten Alltag hervorgehen können. Die Formen der indirekten Erziehung erschaffen – zusammen mit den „ko-konstruktiven" Lernprozessen im Rahmen der Kinderkultur (s. Kapitel 4.3) – das Fundament für lebenslange Bildungsprozesse. Auf diesem Fundament können und müssen Formen der direkten Erziehung aufbauen, freilich einer direkten Erziehung, die in einen kontinuierlichen Dialog zwischen Erzieherin und Kindern eingebettet ist. Die Verbindung und die Art der Verbindung dieser beiden Ausdrucksformen von Professionalität geben der Didaktik des Erziehens in früher Kindheit ihr besonderes Profil.

Literatur*

Adick, C. (1992): Die Universalisierung der modernen Schule. Paderborn: Schöningh. *20*

Ahnert, L./Rossbach, H.-G./Neumann, U./Heinrich, J./Koletzko, B. (2005): Bildung, Betreuung und Erziehung von Kindern unter sechs Jahren. München: Verlag Deutsches Jugendinstitut (= Sachverständigenkommission Zwölfter Kinder- und Jugendbericht, Band 1). *34*

Ahnert, L./Gappa, M. (2010): Bindung und Beziehungsgestaltung in öffentlicher Kleinkindbetreuung – Auswirkungen auf die frühe Bildung. In: Leu/von Behr, S. 109–120. *71, 83, 115, 135*

Andresen, S./Hurrelmann, K. (2010): Kindheit. Weinheim/Basel: Beltz.

Aries, Ph. (1975): Geschichte der Kindheit. München: Hanser. *20, 23, 98, 111*

Bandura, A. (1997): Self-efficacy. The exercize of control. New York: Freeman.

Barbarin, O. A./Wasik, B. H. (eds.) (2009): Handbook of child development and early education: New york: The Guilford press.

Barth, P. (1920): Geschichte der Erziehung in soziologischer und geisteswissenschaftlicher Beleuchtung. Leipzig: Reisland. *111*

Bäumer, G. (1931): Die sozialpädagogische Aufgabe in der Jugendwohlfahrtspflege. In: Die Stellung der Wohlfahrtspflege zur Wirtschaft, zum Staat und zum Menschen. Karlsruhe: Deutscher Verein 1931, S. 73–90 (= Schriften des Deutschen Vereins für öffentliche und private Fürsorge, Heft 15). *29*

Baumeister, R. F./Vohs, K. D. (eds.) (2010): Handbook of self-regulation. New York/London: Guilford. *40*

Becker-Stoll, B./Berkic, J./Kalicki, B. (Hrsg.) (2010): Bildungsqualität für Kinder in den ersten drei Jahren. Berlin: Cornelson Verlag Scriptor.

Becker-Stoll, F./Textor, M. R. (Hrsg.) (2007): Die Erzieherin-Kind-Beziehung. Zentrum von Bildung und Erziehung. Berlin: Cornelsen Verlag Scriptor. *44, 62, 83*

* Die kursiv gesetzten Zahlen verweisen auf die Stellen im Text, an denen die Publikation erwähnt ist.

Behnken, I. (2006): Philippe Aries & Lloyd de Mause. Moratorium des Aufwachsens als kulturelles Erbe? Siegen: Zentrum für Kindheits-, Jugend- und Biographieforschung. *23*

Belsky, J. (2010): Frühe Tagesbetreuung von Kindern und die Entwicklung bis zur Adoleszenz: Schlüsselergebnisse der NICHD-Studie über frühe Tagesbetreuung. In: Becker-Stoll/Berkic/Kalicki, S. 74–82. *10, 101*

Benner, D. (2001): Allgemeine Pädagogik. Eine systematisch-problemgeschichtliche Einführung in die Grundstruktur pädagogischen Denkens und Handelns. Weinheim/München: Juventa. *58*

Benner, D./Brüggen, F. (2004): Bildsamkeit/Bildung. In: Benner/Oelkers, S. 174–215.

Benner, D./Oelkers, J. (Hrsg.) (2004): Historisches Wörterbuch der Pädagogik. Weinheim/Basel: Beltz.

Bernfeld, S. (1925/1967): Sisyphos oder die Grenzen der Erziehung. Frankfurt a. M.: Suhrkamp. *31, 44, 74, 102, 111*

Bertram, H. Hrsg.) (2008): Der UNICEF-Bericht zur Lage der Kinder in Deutschland. München: Beck. *34*

Bertram, H./Ehlert, H. (Hrsg.) (2011): Familie, Bindungen und Fürsorge: Familiärer Wandel in einer vielfältigen Moderne: Opladen: Barbara Budrich. *87*

Bingham, C./Sidorski, A. M. (Hrsg.) (2010): No education without relation. New York: Peter Lang. *44, 53, 83, 94, 130*

Blank, M. (1983): Teaching learning in the preschool. A dialogical approach. Cambridge, MA: Brookline Books. *43, 58, 104, 130*

Böhnisch, L., Blanc, K. (1989): Die Generationenfalle. Von der Relativierung der Lebensalter. Frankfurt a. M.: Luchterhand. *66*

Böhnisch, L./Schröer, W./Thiersch, H. (2005): Sozialpädagogisches Denken. Wege zur Neubestimmung. Weinheim/München: Juventa. *74*

Boekaerts, M./Pintrich, P. R./Zeidner, M. (2000): Handbook of self-regulation. San Diego, CA: Academic press. *40*

Bodrova, E./Leong, D. J. (1996): Tools of the mind. The Vygotskian approach to early childhood education. Upper Saddle RiveR; NJ.: Prentice Hall. *51*

Borke, J./Döge, P./Kärtner, J. (2011): Kulturelle Vielfalt bei Kindern in den ersten drei Lebensjahren. Anforderungen an frühpädagogische Fachkräfte. München: Deutsches Jugendinstitut (= WiFF Expertise Nr. 16). *65*

Bornstein, M. H. (Hrsg.) (1995): Handbook of parenting. Mahwah, NJ: Erlbaum.

Bourdieu, P. (1973): Grundlagen einer Theorie der symbolischen Gewalt. Frankfurt a. M.: Suhrkamp. *74*

Bower, G. H./Hilgard, E. R. (1981): Theories of learning. Englewood Cliffs: Prentice Hall. *55*

Bowlby, J. (1969): Attachment and loss. New York: Basic Books. *76, 84*

Brandes, H. (2008): Selbstbildung in Kindergruppen. Die Konstruktion sozialer Beziehungen. München/Basel: Ernst Reinhardt. *109*

Brim, O. G. (1975): Macro-Structural Influences on Child Development and the Need for Childhood Social Indicators. In: American Journal of Orthopsychiatry 45, 516–524. *32*

Bronfenbrenner, U. (1981): Die Ökologie der menschlichen Entwicklung. Stuttgart: Klett-Cotta. *62, 120, 125*

Ders. (1987): Wie wirksam ist kompensatorische Erziehung? Stuttgart: Klett-Cotta. *25, 101, 124*

Ders. (1993): Generationenbeziehungen in der Ökologie menschlicher Entwicklung. In: Lüscher/Schultheis, S. 51–73.

Brownlee, J./Berthelsen, D. (2005): Personal Epistemology and relational pedagogy in early childhood teacher education programs. In: Early Years: An International Journal of Research, vol. 25, 2–14.

Brumlik, M. (1992): Advokatorische Ethik. Zur Legitimation pädagogischer Eingriffe. Bielefeld: KT-Verlag Karin Böllert. *78*

Ders. (1995): Gerechtigkeit zwischen den Generationen. Berlin: Berlin Verlag. *76*

Bruner, J. (1987): The transactional self. In: Bruner/Haste (eds.), S. 81–94. *40, 62, 82*

Bruner, J./Haste, H. (Hrsg.) (1987): Making sense. The child's construction of the world. London/New York: Methuen.

Buber, M. (1953): Rede über das Erzieherische. In: Ders.: Reden über Erziehung. Heidelberg: Lambert Schneider, S. 11–49. *91, 142*

Ders. (1997): Das dialogische Prinzip. Gerlingen: Lambert Schneider im Verlag Bleicher. *91, 92*

Bucher, A. A. (2001): Was Kinder glücklich macht. Historische, psychologische und empirische Annäherungen an Kindheitsglück. Weinheim/München: Juventa. *107*

Büchner, P./Brake, L. (2006): Bildungsort Familie: Transmission von Bildung und Kultur im Alltag von Mehrgenerationenfamilien. Wiesbaden: VS Verlag für Sozialwissenschaften. *100, 101*

Bundesministerium für Familie, Senioren, Frauen und Jugend (Hrsg.) (1998): Zehnter Kinder- und Jugendbericht. Bonn: Universitätsdruckerei. *126*

Burkhardt, A. (1987): Der Dialogbegriff bei Wilhelm von Humboldt. In: Hoberg, R. (Hrsg.): Sprache und Bildung. Beiträge zum 150. Todestag Wilhelm von Humboldts, Darmstadt: Technische Hochschule, S. 141–173. *92*

Capesius, J. (1903): Gesamtentwicklung und Einzelentwicklung. In: Rein, 2. Auflage, Band 3, S. 406–438. *36, 37*

Chazan-Cohen et al. (2007): Infant mental health in early Head Start. In: Infant mental health journal, 28, 2, 99–258. *25, 101*

Claessens, D. (1962): Familie und Wertsystem. Eine Studie zur „zweiten, soziokulturellen Geburt" und der Belastbarkeit der „Kernfamilie". Berlin: Duncker & Humblot. *82*

Cloos, P./Karner, B. (Hrsg.) (2010): Erziehung und Bildung von Kindern als gemeinsames Projekt. Zum Verhältnis familialer Erziehung und öffentlicher Kinderbetreuung. Baltmannsweiler: Schneider Hohengehren. *121*

Coleman, J. (1986): Die asymmetrische Gesellschaft. Vom Aufwachsen mit unpersönlichen Systemen. Weinheim/Basel: Beltz. *21, 22, 75, 115*

Corsaro, W. A. (1997): The sociology of childhood. Thousand Oaks: Pine Forge press. *63, 109*

Dahlberg, G./Moss, P./Pence, A (1999): Beyond quality in early childhood education and care: Postmodern perspectives. London: Routledge Falmer. *91*

deMause, L. (1977): Hört ihr die Kinder weinen. Eine psychogenetische Geschichte der Kindheit. Frankfurt a. M.: Suhrkamp. *23*

Dencik, L. (1989): Growing up in the postmodern age. In: Acta Sociologica, vol. 32, S. 155–180. *62, 106, 121*

Deutscher Bildungsrat (1970): Strukturplan für das Bildungswesen. Stuttgart.

Deutsches Jugendinstitut (2007): Staat, Experten, Privatheit – Kindheit zwischen Fürsorge und Zugriff. Jahrestagung der Sektion Kindheit in der DGS am 5./6. Oktober 2007 in München/Deutsches Jugendinstitut. Tagungsbericht. *24*

Dass. (2010): Frühkindliche Bildung, Betreuung und Erziehung. München: Deutsches Jugendinstitut.

DiBernardo, E. (Hrsg.) (2004): Lernkulturen und Bildungsstandards. Kindergarten und Schule zwischen Vielfalt und Verbindlichkeit. Baltmannsweiler: Schneider Hohengehren, S. 172–204.

Dilthey, W. (1875/1957): Über das Studium der Geschichte der Wissenschaften vom Menschen, der Gesellschaft und dem Staat (1875). In: Ders.: Gesammelte Schriften, Band V., Stuttgart und Göttingen: Teubner/Vandenhoeck & Ruprecht, 31–73. *68*

Dilthey, W. (1934/1974): Grundlinien eines Systems der Pädagogik. In: Ders.: Gesammelte Schriften, Band IX, Stuttgart/Göttingen: Vandenhoeck & Ruprecht, S. 167–204. *115, 119*

Ders. (1971): Deskription des Erziehers in seinem Verhältnis zum Zögling. In: Ders.: Schriften zur Pädagogik, hrsg. von U. Herrmann. Paderborn: Schöningh, S. 43–57.

Dippelhofer-Stiem, B. (2012): Beruf und Professionalität im frühpädagogischen Feld. In: Fried u. a., S. 129–161. *63, 114, 129*

Dippelhofer-Stiem, B./Wolf, B. (Hrsg.) (1997): Ökologie des Kindergartens. Theoretische und empirische Befunde zu Sozialisations- und Entwicklungsbedingungen. Weinheim/München: Juventa.. *63*

Dornes, M. (1993): Der kompetente Säugling. Frankfurt: Fischer. *77*

Ecarius, J. (2002): Familienerziehung im historischen Wandel. Erziehung und Erziehungserfahrungen von drei Generationen. Opladen: Leske + Budrich. *71, 88, 138*

Dies. (2008): Generation, Erziehung und Bildung. Eine Einführung. Stuttgart: Kohlhammer. *53, 62, 67*

Dies. (Hrsg.) (1998): Was will die jüngere mit der älteren Generation? Generationenbeziehungen in der Erziehungswissenschaft. Opladen: Leske + Budrich. *53*

Elias, N. (1978): Über den Prozess der Zivilisation. Soziogenetische und psychogenetische Studien. 2 Bände. Bern: Francke AG. *75*

Erikson, Erik H. (1966): Identität und Lebenszyklus. Stuttgart: Klett-Cotta. *82, 135*

Faulstich-Wieland, H. (2001): Von der Fremd- zur Selbstsozialisation? Oder: Steigt der Einfluss Jugendlicher auf Eltern? In: Kramer u. a., S. 275–292. *71, 75*

Fawcett, R. A./Featherstone, N. A./Goddard G. P. (2004): Contemporary child care policy and practice. London: Macmillan. *62*

Fend, H. (2003): Entwicklungspsychologie des Jugendalters. Wiesbaden: VS-Verlag. *41*

Freud, S. (1953): Abriss der Psychoanalyse. Frankfurt a. M.: Fischer. *40*

Frick, J. (2005): Die Droge Verwöhnung. Beispiele, Folgen, Alternativen Bern: Huber. *84, 85*

Fried, L./Dippelhofer-Stiem, B./Honig, M.-S./Liegle, L. (2012): Pädagogik der frühen Kindheit. Weinheim/Basel/Berlin: Beltz. *15*

Fried, L./Roux, S. (Hrsg.) (2009): Pädagogik der frühen Kindheit. Handbuch und Nachschlagewerk. Berlin: Cornelsen Scriptor.

Fröbel, F. (1839/1986): Erziehungswesen. Die Bildung der Kinder vor dem schulfähigen Alter. In: Ders. (1986), Band 3, S. 184–188. *126, 149*

Ders. (1840/1986): Entwurf eines Planes zur Begründung und Ausführung eines Kinder-Gartens. In: Ders. (1986), Band 3, S. 189–198. *125*

Ders. (1986): „Kommt, lasst uns unsern Kindern leben!" Aus dem pädagogischen Werk eines Menschenerziehers. 3 Bände. Berlin: Volk und Wissen.

Fthenakis, W. E. (2003): Zur Neukonzeptualisierung von Bildung in der frühen Kindheit. In: Ders. (Hrsg.): Elementarpädagogik nach PISA. Freiburg etc.: Herder, S. 18–37. *91, 108*

Gierer, A. (1998): Evolution, Empathie und altruistisches Verhalten. In: Ders.: Im Spiegel der Natur erkennen wir uns selbst. Wissenschaft und Menschenbild. Hamburg: Reinbek, S. 183–221. *132*

Glowka, D. u. a. (1995): Schulen und Unterricht im Vergleich. Russland/ Deutschland. Münster: Waxmann. *64, 103*

Griebel, W./Niesel, R. (2004): Transitionen. Fähigkeiten von Kindern in Tageseinrichtungen fördern, Veränderungen erfolgreich bewältigen. Weinheim: Beltz. *62, 121*

Grossmann, K. E./Grossmann, K. (2001): Das eingeschränkte Leben. Folgen mangelnder und traumatischer Bindungserfahrungen. In: Gebauer, K./ Hüther, G. (Hg.): Kinder brauchen Wurzeln. Düsseldorf 2001, 35–63. *84, 135*

Diess. (Hrsg.) (2003): Bindung und menschliche Entwicklung. John Bowlby, Mary Ainsworth und die Grundlagen der Bindungstheorie und Forschung. Stuttgart: Klett-Cotta. *84, 85*

Diess. (2006): Bindung und Bildung. Über das Zusammenspiel von Psychischer Sicherheit und Kulturellem Lernen. In: Frühe Kindheit, Heft 6, 10–17. *71, 115*

Grusec, J. E./Hastings, P. D. (eds.) (2007): Handbook of socialization. Theory and research. New York/London: The Guilford press. *62, 75*

Güthoff, F./Sünker, H. (Hrsg.) (2001): Handbuch Kinderrechte. Münster: Votum. *138*

Gutknecht, D. (2012): Bildung in der Kinderkrippe. Wege zur professonellen Responsivität. Stuttgart: Kohlhammer. *90, 139*

Hartmann, S./Hohl, G./Renk, P./Scherer, P. A./Walker, U. (Hrsg.) (2007): Gemeinsam für das Kind. Erziehungspartnerschaft und Elternbildung im Kindergarten. Weimar/Berlin: Verlag das netz. *127, 129*

Hasselhorn, M. (2005): Lernen im Altersbereich zwischen 4 und 8 Jahren. Individuelle Voraussetzungen, Entwicklung, Diagnostik und Förderung. In: Guldimann, T./Hauser, B. (Hrsg.): Bildung 4–8-jähriger Kinder. Münster etc.: Waxmann, S. 77–88. *118, 134, 147*

Haug, C./Schmid, B. (1988): ABC des Kindergartenalltags. Freiburg: Herder.

Hebenstreit-Müller, S./Krakow, C. (2008): Das Berliner Modell. Qualitätskriterien im Early-Excellence-Ansatz. Berlin: Dohrmann. *127*

Hebenstreit-Müller, S./Lepenies, A. (Hrsg.) (2007): Early Excellence: Der positive Blick auf Kinder, Eltern und Erzieherinnen. Internationale Studien zu einem Erfolgsmodell. Berlin: Dohrmann.

Heinsohn, G. (1971): Vorschulerziehung und Kapitalismus. Frankfurt: März Verlag. *45*

Heitmeyer, W. u. a. (1992): Die Bielefelder Rechtsextremismus-Studie. Weinheim. *135*

Hentig, H. von (1999): Ach, die Werte! Ein öffentliches Bewusstsein von zwiespältigen Aufgaben. München: Piper. *131*

Heydorn, H. (1989): Über den Widerspruch zwischen Bildung und Herrschaft. Frankfurt: Europäische Verlagsanstalt. *27, 74*

Hillmann, K.-H. (1994): Wörterbuch der Soziologie. Stuttgart: Kröner. *114*

Hoffman, M. L. (2000): Empathy and moral development. Cambridge: Cambridge university press.

Honig, M.-S. (1999): Entwurf einer Theorie der Kindheit. Frankfurt a. M.: Suhrkamp. *69*

Ders. (2012): Frühpädagogische Einrichtungen. In: Fried u.a., S. 91–128. *104, 114, 115*

Honig, M.-S./Joos, M./Schreiber, N. (2004): Was ist ein guter Kindergarten? Theoretische und empirische Analysen zum Qualitätsbegriff in der Pädagogik. Weinheim: Juventa. *104, 129*

Honneth, A. (1994): Kampf um Anerkennung. Zur moralischen Grammatik sozialer Konflikte. Frankfurt a. M.: Suhrkamp. *76*

Horkheimer, M. (Hrsg.) (1936): Studien über Autorität und Familie. Paris: Alcan. *74*

Howes, C./Hamilton, C.E. (1992): Children's relationships with child care teachers: Stability and concordance with parental attachment. In: Child Development, 63, 867–878.

Humboldt, W. von (1980ff.): Werke, hrsg. von A. Flitner und K. Giel. 5 Bände. Darmstadt: Wissenschaftliche Buchgesellschaft. *92, 94*

Hurrelmann, K. (2006): Einführung in die Sozialisationstheorie. 9. Auflage. Weinheim/Basel: Beltz. *61, 63*

Hurrelmann, K./Andresen, S. (Hrsg.) (2007): Kinder in Deutschland 2007. 1. WORLD VISION KINDERSTUDIE. Frankfurt a.M.: Fischer. *34*

Diess. (2010): Kinder in Deutschland 2010. 2. WORLD VISION KINDERSTUDIE. Frankfurt a.M.: Fischer. *34*

Hurrelmann, K./Grundmann, M./Walper, S. (2008): Handbuch Sozialisationsforschung. 7. Auflage. Weinheim/Basel: Beltz. *39*

Jerusalem, M./Hopf, D. (2002): Selbstwirksamkeit und Motivationsprozesse in Bildungsinstitutionen. Weinheim/Basel: Beltz (= Zeitschrift für Pädagogik, 44. Beiheft). *39*

Jung, P. (2004): Eigenständigkeit. Der Beitrag der Kinder zu einem guten Kindergarten. In: Honig/Joos/Schreiber, S. 119–156. *40*

Kade, J. (1997): Vermittelbar/nicht vermittelbar, Vermitteln/Aneignen im Prozess der Systembildung des Pädagogischen. In: Lenzen, D./Luhmann, N. (Hrsg.): Bildung und Weiterbildung im Erziehungssystem. Frankfurt a.M.: Suhrkamp, S. 45–63. *72*

Kant, I. (1803/1922): Über Pädagogik. In: Ders.: Sämtliche Werke, hrsg. von K. Vorländer. Band VIII. Leipzig: Felix Meiner, S. 189–251. *41, 78, 79*

Kasüschke, D./Fröhlich-Gildhoff, K. (Hrsg.) (2008ff.): Grundlagen der Frühpädagogik. Band 1–3. Kronach: Carl Link.

Katz, L. (1996): Qualität der Früherziehung in Betreuungseinrichtungen: Fünf Perspektiven. In: Tietze, W. (Hrsg.): Früherziehung. Trends, internationale Forschungsergebnisse, Praxisorientierungen. Neuwied: Luchterhand, S. 226–239. *26, 145*

Katz, L./Chard, S.C. (2000): Der Projekt-Ansatz. In: Fthenakis. W.E./Textor, M.R. (Hrsg.): Qualität von Kinderbetreuung, Weinheim/München: Juventa, S. 209–233. *60, 61*

Keiler, P. (2002): Lev Vygotskij – Ein Leben für die Psychologie. Weinheim/Basel: Beltz. *50, 51, 82, 89, 92*

Keller, H. (Hrsg.) (2003): Handbuch der Kleinkindforschung. 3. Auflage. Bern etc.: Hans Huber. *37, 39, 47*

Dies. (2011): Kinderalltag. Kulturen der Kindheit und ihre Bedeutung für Bindung, Bildung und Erziehung. Berlin/Heidelberg: Springer. *45, 48, 84, 86*

Dies. et al. (2004): The bio-culture of parenting. Evidence from five cultural communities. In: Parenting, 4, 25–50.

King, V. (2002): Die Entstehung des Neuen in der Adoleszenz. Wiesbaden: VS Verlag. *68*

Klugman, E. (Hrsg.) (1995): Play, policy and practice. St. Paul, Minn.: Redleaf Press. *57*

Klugman, E./Smilansky, S. (Hrsg.) (1990): Children's play and lerarning: Perspectives and policy implications. New York: Teachers College Press. *57*

König, A. (2009): Interaktionsprozesse zwischen ErzieherInnen und Kindern. Eine Videostudie aus dem Kindergartenalltag. Wiesbaden: VS-Verlag für Sozialwissenschaften.

König, A. (2010): Interaktion als didaktisches Prinzip. Bildungsprozesse bewusst begleiten und gestalten. Troisdorf: Bildungsverlag EINS. *83, 96*

Kohlberg, L./Mayer, R. (1972): Development as the aim of education. In: Harvard educational review, 42, 449–496. *49*

Konrad, F.-M. (2012): Der Kindergarten. Seine Geschichte von den Anfängen bis in die Gegenwart. 2. Auflage. Freiburg: Lambertus. *125*

Kraft, I./Chilman, C. (1966): Helping low income families through parent education. Washington, D.C.: Children's Bureau.

Krappmann, L. (1991): Sozialisation in der Gruppe der Gleichaltrigen. In: Hurrelmann, K./Ulich, D. (Hrsg.): Neues Handbuch der Sozialisationsforschung. Weinheim: Beltz, S. 355–375. *106*

Krappmann, L./Lüscher, K. (2009): Kinderrechte im Generationenverbund: Plädoyer für eine aktuelle Lektüre der Kinderrechtskonvention. In: Recht der Jugend und des Bildungswesens, 57, 326–333.

Krücken, G./Drori, G.S. (Hrsg.) (2009): World Society: The writings of John W. Meyer. New York: Oxford University Press. *19*

Kuczynski, L./Parkin, C.M. (2007): Agency and bidirectionality – interactions, transactions and relational dialectics. In: Grusec/Hastings, S. 259–283. *40, 44, 53, 61, 76, 88*

Künzli, R. (2004): Lernen. In: Benner/Oelkers, S. 620–637.

Largo, R. (1999): Kinderjahre. Die Individualität als erzieherische Herausforderung. München: Piper. *47*

Ders. (2001): Babyjahre. Die frühkindliche Entwicklung aus biologischer Sicht. München: Piper.

Largo, R. H./Benz, C. (2003): Spielend lernen. In: Papousek/von Gontard, S. 56–75. *22*

Leichter, H. P. (Hrsg.) (1974): The family as educator. New York/London: Teachers College Press. *119, 120*

Lenzen, D. (1989): Pädagogische Grundbegriffe. 2 Bände. Hamburg: Reinbek.

Leu, H. R./von Behr, A. (Hrsg.) (2010): Forschung und Praxis der Frühpädagogik. Profiwissen für die Arbeit mit Kindern von 0–3 Jahren. München: Ernst Reinhardt.

Liebau, E./Wulf, C. (Hrsg.) (1996): Generation. Versuch über eine pädagogisch-anthropologische Grundbedingung. Weinheim: Deutscher Studien Verlag. *52, 67, 68*

Liegle, L. (Hrsg.) (1971): Kollektiverziehung im Kibbutz. Texte zur vergleichenden Sozialisationsforschung. München: Piper. *102*

Ders. (1975): The family's role in Soviet education. New York: Springer. *102*

Ders. (1977): Familie und Kollektiv im Kibbutz. 4. Auflage. Weinheim: Beltz.

Ders. (1987): Welten der Kindheit und Familie. Beiträge zu einer pädagogischen und kulturvergleichenden Sozialisationsforschung. Weinheim: Juventa. *87, 102*

Ders. (1988a): Vorschulpädagogische Berufe in der Bundesrepublik Deutschland und in der Deutschen Demokratischen Republik. In: Baske, S. (Hrsg.): Pädagogische Berufe in der Bundesrepublik Deutschland und in der Deutschen Demokratischen Republik. Berlin: Duncker & Humblot, S. 9–22.

Ders. (1990): Vorschulerziehung. In: Anweiler, O./Mitter, W./Peisert, H./Schäfer, H.-P./Stratenwerth, W. (Hrsg.): Vergleich von Bildung und Erziehung in der Bundesrepublik Deutschland und in der Deutschen Demokratischen Republik. Materialien zur Lage der Nation (hrsg. vom Bundesministerium für innerdeutsche Beziehungen). Köln: Wissenschaft und Politik, S. 157–170. *27, 123*

Ders. (2001): Brauchen Kinder Kindergärten? Zur Wirkungsgeschichte außerpädagogischer und pädagogischer Argumente. In: Neue Sammlung, 41. Jg., S. 335–358. *90, 108*

Ders. (2005): Der soziale Ort, an dem sich im Regelfall die ersten Schritte der Menschwerdung vollziehen. Stichworte zu den Perspektiven einer Familienerziehungswissenschaft. In: Neue Sammlung, 45. Jahrgang, S. 401–422. *100*

Ders. (2006): Bildung und Erziehung in früher Kindheit. Stuttgart: Kohlhammer. *95, 134*

Ders. (2008): Generative Sozialisation. In: Hurrelmann/Walper, S. 141–156.

Ders. (2010): Der internationale Vergleich in der Pädagogik der frühen Kindheit. In: Enzyklopädie Erziehungswissenschaft Online, Fachgebiet Vergleichende Erziehungswissenschaft, hrsg. von D. Waterkamp (www.erzwissonline.de). *56, 62*

Ders. (2012): Kind und Kindheit: In: Fried/Dippelhofer-Stiem/Honig/Liegle, S. 14–56.

Liegle, L./Lüscher, K. (2004): Das Konzept des Generationenlernens. In: Zeitschrift für Pädagogik, 50, S. 38–55. *53, 67, 80, 81, 112*

Liegle, L./Lüscher, K. (2008): Generative Sozialisation. In: Handbuch Sozialisationsforschung, hrsg. von K. Hurrelmann, M. Grundmann und S. Walper. Weinheim/Basel: Beltz, S. 141–156. *62, 67*

Luhmann, N. (1984): Soziale Systeme. Grundriss einer allgemeinen Theorie. Frankfurt a.M.: Suhrkamp. *112*

Ders., (1988): Sozialsystem Familie. In: System Familie, 1. Jg., S. 75–91. *115*

Lüscher K. (2011): Ambivalenz weiterschreiben. In: Forum der Psyhoanalyse, 27. Jg., Heft 4, S. 373–393. *78*

Lüscher, K./Liegle, L. (2003): Generationenbeziehungen in Familie und Gesellschaft. Konstanz: Universitätsverlag Konstanz/UTB. *68, 69, 78, 80, 81*

Lüscher, K./Schultheis, F. (Hrsg.) (1993): Generationenbeziehungen in ‚postmodernen' Gesellschaften. Konstanz: Universitätsverlag Konstanz.

Llyytinen, P. et al. (1999): The development and predictive relations of play and language across the second year. In: Scandinavian journal of psychology, 40. Jg., S. 177–186. *56*

Lutz, R. (2012): Kinderreport 2012 des Deutschen Kinderhilfswerks. Mitbestimmung in Kindertageseinrichtungen und Resilienz. Freiburg i.Br.: family media velber buchverlag. *139*

Maccoby, E. E. (2007): Historical overview of socialization research and theory. In: Grusec/Hastings, S. 13–41.

Mahler, M. (1996): Die psychische Geburt des Menschen. Symbiose und Individuation. Frankfurt: Fischer. *82*

Mania, H. (2000): Individuelle Verläufe der Sprachentwicklung beim Säugling und Kleinkind. Tübingen: Inaugural-Dissertation zur Erlangung des Doktorgrades der Medizin.

Mannheim, K. (1928/1964): Das Problem der Generationen. In: Wolff, K.H. (Hrsg.): Karl Mannheim. Wissenssoziologie. Auswahl aus dem Werk. Berlin, Luchterhand, S. 509–565. *68*

Martinak, E. (1903): Vererbung geistiger Eigenschaften. In: Rein, W. (Hrsg.): Encyklopädisches Handbuch der Pädagogik, Band 7, S. 579–586. *36*

May, P. (2011): Child development in practice. Responsive teaching and learning from birth to five. New York: Routledge. *83, 90, 104*

McDaniel: Between strangers and soul mates: care and moral dialogue. In: Bingham/Sidorkin, S. 91–101. *95*

Mead, G.H. (1910/2008): Philosophie der Erziehung. Hrsg. und eingeleitet von D. Tröhler und G. Biesta. Bad Heilbrunn: Klinkhardt. *72, 74*

Mead, M. (1971): Der Konflikt der Generationen. Jugend ohne Vorbild. Olten/Freiburg i.Br.: Walter Verlag.

Michaelis, R. (2003): Motorische Entwicklung. In: Keller, H. (Hrsg.): Handbuch der Kleinkindforschung. 3. Auflage. Bern: Hans Huber, S. 815–860. *47*

Ders. (2006): Die ersten fünf Lebensjahre eines Kindes. München: Knaur Ratgeber. *47*

Milner, D. (1983): Children and race. Ten years on. London: Ward Lock Educational. *65*

Ministerium für Bildung, Frauen und Jugend, Rheinland-Pfalz (2004): Bildungs- und Erziehungsempfehlungen für Kindertagesstätten in Rheinland-Pfalz. Weinheim/Basel: Juventa. *139*

Ministerium für Kultus, Jugend und Sport Baden-Württemberg (2006): Orientierungsplan für Bildung und Erziehung für die baden-württembergischen Kindergärten. Weinheim und Basel: Beltz. *127*

Mollenhauer, K. (1983): Vergessene Zusammenhänge. Über Kultur und Erziehung. München: Juventa. *67, 69, 113, 117*

Mortimore, P. (Hrsg.) (1999): Understanding pedagogy and its impact on learning. London: Paul Chapman. *49, 59*

Müller, B. (1996): Was will denn die jüngere Generation mit der älteren? In: Liebau, E./Wulf, C. (Hrsg.): Generation. Weinheim: Deutscher Studien Verlag, S. 304–331. *76*

Münchmeier, R./Otto, H.-U./Rabe-Kleberg, U. (Hrsg.) (2002): Bildung und Lebenskompetenz. Kinder- und Jugendhilfe vor neuen Aufgaben. Opladen: Leske + Budrich. *118*

Noddings, N. (1984): Caring. A feminine approach to ethics and moral education. Berkeley: University of California press.

Nohl, H. (1933): Die Theorie der Bildung. In: Handbuch der Pädagogik. Hrsg. von H. Nohl und L. Pallat. Band 1. Langensalza: Beltz, S. 3–80. *69*

OECD (2001/2005): Starting strong. Early Childhood Care and Education (I/II.) Paris: UNESCO. *25, 42, 54, 122*

Oerter, R. (2003): Als-ob-Spiele als Form der Daseinsbewältigung in der frühen Kindheit. In: Papousek/von Gontard, S. 153–173. *56*

Ders. (2008): Kindheit. In: Oerter/Montada, S. 225–270. *56*

Oerter, R./Montada, L. (Hrsg.) (2008): Entwicklungspsychologie. 6. Auflage. Weinheim/Basel: Beltz Verlag, Psychologie Verlags Union. *37, 39, 46,*

Otto, H.-U./Rauschenbach, T. (Hrsg.) (2004): Die andere Seite der Bildung. Zum Verhältnis von formellen und informellen Bildungsprozessen. Wiesbaden: Verlag für Sozialwissenschaften. *118*

Papatheodorou, Th./Moyles, J. (eds.) (2009): Learning together in the early years. Exploring relational pedagogy. Abington: Routledge. *44*

Papousek, H. (2003): Spiel in der Wiege der Menschheit. In: Papousek/von Gontard, S. 17–55. *23, 57, 106*

Papousek, M. (2003): Gefährdungen des Spiels in der frühen Kindheit: Klinische Beobachtungen, Entstehungsbedingungen und präventive Hilfen. In: Papousek/von Gontard, S. 174–214.

Papousek, H./Papousek, M. (1995): Intuitive parenting. In: Bornstein, Band II, S. 117–136.

Papousek, M./von Gontard, A. (Hrsg.) (2003): Spiel und Kreativität in der frühen Kindheit. Stuttgart: Pfeiffer bei Klett-Cotta.

Parsons, T. (1951): The Social system. Glencoe, Ill.: Free Press. *114*

Ders. (1964/1970): Evolutionäre Universalien der Gesellschaft. In: Zapf, M. (Hrsg.): Theorien des sozialen Wandels. Köln, S. 55–74. *19*

Pestalozzi, J.H. (1797/1946): Meine Nachforschungen über den Gang der Natur in der Entwicklung des Menschengeschlechts. In: Ders.: Gesammelte Werke in zehn Bänden. Hrsg. von E. Bosshart u.a. Band 8. Zürich: Rascher, S. 35–250. *41, 102*

Piaget, J. (1932/1973): Das moralische Urteil beim Kinde. Frankfurt a.M.: Suhrkamp 1973. *50, 88, 109, 137*

Ders. (1940/1972): Die geistige Entwicklung des Kindes. In: Ders.: Theorien und Methoden der modernen Erziehung. Wien: Molden, S. 187–258. *56*

Powell, P.R. (1989): Families and early childhood programs. Research Monographs of the National Association for the Educations of Young Children (NAEYC), Vol. 3.

Pramling Samuelsson, I./Fleer, M. (Hrsg.) (2009): Play and Learning in Early Childhood Settings. New York: Springer. *56*

Prange, K. (1979ff.): Erziehung als Erfahrungsprozess. 3 Bände. Stuttgart: Enke. *133*

Purkey, W.W. (1970): Self-concept and school achievement. New York: Prentice Hall. *65*

Rauh, H. (2008): Vorgeburtliche Entwicklung und frühe Kindheit. In: Oerter/Montada, S. 149–224. *47*

Rauschenbach, T. (1998): Generationenverhältnisse im Wandel. In: Ecarius, S. 13–40. *69*

Rein, W. (Hrsg.) (1895ff. und 1903ff.): Encyklopädisches Handbuch der Pädagogik. Langensalza: Beyer & Söhne. *36*

Reischle, M. (1903): Christentum und Entwicklungsgedanke. In: Rein, 2. Auflage, Band 1, S. 885–896. *36*

Reulecke, J. (2000): Generationen und Biographien im 20. Jahrhundert. In: Strauß, B./Geyer, M. (Hrsg.): Psychotherapie in Zeiten der Veränderung. Historische, kulturelle und gesellschaftliche Hintergründe einer Profession, Opladen: Leske + Budrich, S. 26–40.

Reyer, J. (2006): Einführung in die Geschichte des Kindergartens und der Grundschule. Bad Heilbrunn: Klinkhardt. *43*

Rheingold, H.H. (1969): The social and socializing child. In: Goslin, D. (Hrsg.): Handbook of socialization theory and research. Chicago: Rand McNally, S. 779–790. *76, 88*

Ricken, N. (2006): Die Ordnung der Bildung. Beiträge zu einer Genealogie der Bildung. Wiesbaden: VS Verlag. *59*

Riley, J. (2007): Learning in the early years 3–7. London: Sage (Second edition). *43*

Rimm-Kaufman, S.E./Pianta, R.C. (2000): An ecological perspective on the transition to kindergarten: A theoretical framework to guide empirical research. In: Journal of Applied Developmental Psychology, 21, 5, S. 491 511. *121*

Röhrs, H. (2001): Die Reformpädagogik. Ursprung und Verlauf unter internationalem Aspekt. Weinheim/Basel: Beltz/UTB. *87*

Rogoff, B. (2003): The cultural nature of human development. Oxford etc.: Oxford University Press. *18, 38, 45, 48, 58, 85*

Rossbach, H.-G. (2005): Effekte qualitativ guter Betreuung, Bildung und Erziehung im frühen Kindesalter auf Kinder und ihre Familien. In: Ahnert u. a., S. 55–174. *59, 124*

Ders. (2006): Institutionelle Übergänge in der Früpädagogik. In: Fried/Roux, S. 280–292. *121*

Roth, G. (2004): Warum sind Lehren und Lernen so schwierig? In: Zeitschrift für Pädagogik, 50. Jg., S. 496–520. *58*

Rothbaum, F./Trommsdorff, G. (2007): Do roots and wings complement or oppose one another? The socialization of relatedness and autonomy in cultural context. In: Grusek/Hastings, S. 461–489. *45, 48, 86*

Samuelsson, I. (2004): Das spielende, lernende Kind. In: Hammes-Di Bernardo, E. (Hrsg.): Lernkulturen und Bildungsstandards. Kindergarten und Grundschule. Baltmannsweiler: Schneider Verlag Hohengehren, S. 172–204. *22*

Schaller, K. (1973): Pädagogik der Kommunikation. In: Schäfer, K.-H./Schaller, K.: Kritische Erziehungswissenschaft und kommunikative Didaktik. 2. Auflage. Heidelberg: Quelle & Meyer/UTB, S. 75–123. *92*

Schleiermacher, F. (1826/2000): Die Vorlesungen aus dem Jahre 1826. In: Ders.: Texte zur Pädagogik, hrsg. von M. Winkler und J. Brachmann. Band 2. Frankfurt a. M.: Suhrkamp. *68*

Schmidt, K. (2004): Das Freispiel und der geordnete Raum. Die Praxis eines Programms. In: Honig, M.-S./Joos, M./Schreiber, N. (Hrsg.): Was ist ein guter Kindergarten?. *64,104*

Schmitt, W. (1989): Kindgerechtigkeit. Zur Sozialgeschichte einer Idee. Pfaffenweiler: Centaurus. *49, 147*

Schneewind, K. (2008): Sozialisation und Erziehung im Kontext der Familie. In: Oerter/Montada, S. 117–145. *62, 113*

Schwarzer, R./Jerusalem, M. (2002): Das Konzept der Selbstwirksamkeit. In: Zeitschrift für Pädagogik, 44. Beiheft, S. 38–53.

Schweppe, C. (Hrsg.) (2002): Generation und Sozialpädagogik. Theoriebildung, öffentliche und familiale Generationenverhältnisse, Arbeitsfelder. Weinheim und München: Juventa. *71*

Shonkoff, J. P./Phillips, D. A. (eds.) (2000): From neurons to neighbourhoods. The science of early childhood development. Washington, D. C.: the national academies press. *25, 37, 38, 39*

Singer, W. (2002): Der Beobachter im Gehirn. Essays zur Hirnforschung. Frankfurt a. M.: Suhrkamp. *93, 132*

Ders. (2002a): Was kann ein Mensch wann lernen? In: Ders.: Der Beobachter im Gehirn, S. 43–59. *93*

Ders. (2002b): Vom Gehirn zum Bewusstsein. In: Ders.: Der Beobachter im Gehirn, S. 60–76. *93*

Ders. (2002c): Hirnentwicklung und Umwelt. In: Ders.: Der Beobachter im Gehirn, S. 112–119.

Siraj-Blatchford, I. (1999): Early childhood pedagogy: practice, principles and research. In: Mortimore, S. 20–45. *59, 65*

Dies. (2007): Effektive Bildungsprozesse: Lehren in der frühen Kindheit. In: Becker-Stoll/Textor, S. 97–114. *59, 84*

Smilansky, S. (1968): The effects of sociodramatic play on disadvantaged preschool children. New York: John Wiley. *57*

Snyders, G. (1971): Die große Wende der Pädagogik. Die Entdeckung des Kindes und die Revolution der Erziehung im 17. und 18. Jahrhundert in Frankreich. Paderborn: Schöningh. *111*

Spodek, B./Saracho, O. N. (Hrsg.) (2005): International perspectives in research on early childhood education. Greenwich, CT: Information Age Publishers.

Diess. (Hrsg.) (2006): Handbook of research on the education of young children. Machwah, NJ: Erlbaum.

Spork, P. (2009): Der zweite Code. Epigenetik – oder wie wir unser Erbgut steuern können. Reinbek: Rowohlt. *38*

Statistische Ämter des Bundes und der Länder (2007): Kindertagesbetreuung regional 2006. Wiesbaden: Statistisches Bundesamt. *122*

Stenger, U. (2002): Schöpferische Prozesse. Phänomenologisch-anthropologische Analysen von Ich und Welt. Weinheim/München: Juventa. *40*

Sünker, H. (Hrsg.) (1995): Theorie, Politik und Praxis der Sozialen Arbeit. Bielefeld: Kleine. *74*

Surall, F. (2005): Kindergarten und Kinderrechte. Zum 150. Geburtstag von Kate Douglas Wiggin – einer Pionierin der Kinderrechtsbewegung. In: Frühe Kindheit. Zeitschrift der Deutschen Liga für das Kind, Jg. 8, Heft 6, S. 48–50. *30*

Sutton-Smith, B. (1985): Children's play past, present and future. Philadelphia: Please Touch Museum. *106*

Sylva, K. et al. (2004): The Effective Provision of Pre-School Education Project – Zu den Auswirkungen vorschulischer Einrichtungen in England. In: Faust, G. u.a. (Hg.): Anschlussfähige Bildungsprozesse im Elementar- und Primarbereich. Bad Heilbrunn: Klinkardt, S. 154–167. *136, 143, 144, 151, 152*

Tassoni, P./Beith, K. (2002): Diploma in child care and education. Portsmouth, NH: Heinemann. *42, 48, 54*

Tietze, W. (Hrsg.) (1998): Wie gut sind unsere Kindergärten? Neuwied: Luchterhand. *59, 101, 124*

Tietze, W. (2008): Sozialisation in Krippe und Kindergarten. In: Hurrelmann/Grundmann/Walper, S. 274–289. *51, 62*

Tietze, W./Rossbach, H.-G./Grenner, K. (2005): Kinder von 4 bis 8 Jahren. Zur Qualität der Erziehung und Bildung in Kindergarten, Grundschule und Familie. Weinheim: Beltz. *101, 123, 124, 134*

Tomasello, M. (2002): Die kulturelle Entwicklung des menschlichen Denkens. Frankfurt a.M.: Suhrkamp. *18, 91, 132*

Ders. (2010): Warum wir kooperieren. Berlin: Suhrkamp. *18, 20, 38, 45, 48, 58, 62, 77, 83, 84, 91, 98, 132*

Treml, A. (2000): Einführung in die Allgemeine Pädagogik. Stuttgart: Kohlhammer. *20, 115, 116*

Trommsdorff, G./Mayer, B. (2011): Intergenerationale Beziehungen im Kulturvergleich. In: Bertram, H./Ehlert, N. (Hrsg.): Familie, Bindungen und Fürsorge. Familiärer Wandel in einer vielfältigen Moderne. Opladen/Farmington Hills, MI: Barbara Budrich, S. 349–379. *87*

UNESCO (2007): Education For All Global Monitoring Report 2007: Strong Foundations. *20*

UNICEF (2005–2011): Zur Situation der Kinder in der Welt. Frankfurt a.M.: Fischer 2007. *33*

Valsiner, J. (1989): Human development and culture. The social nature of personality and its study. Lexington: Lexington books.

Vohs, K.D./Baumeister, R.F. (2011): Handbook of self-regulation. New York: The Guilford press.

Vygotskij, L. (2003): Ausgewählte Schriften, hrsg. von J. Lompscher. 2 Bände. Berlin: Lehmanns Media. *50, 92*

Weber, E. (1987): Generationenkonflikte und Jugendprobleme aus (erwachsenen-)pädagogischer Sicht. München: Ernst Vögel. *69*

Weber-Kellermann, I. (1996): Die Familie. Eine Kulturgeschichte der Familie. Frankfurt: Insel.

Weidenmann, B. (1989): Lernen – Lerntheorie. In: Lenzen, Band 2, S. 996–1010. *133*

Wiggin, K.D. (1892): Children's Rights. A book of nursery logic. Boston: Houghton, Mifflin, and company. *30*

Winkler, M. (2011a): Erziehung in der Familie: Innenansichten des pädagogischen Alltags. Stuttgart: Kohlhammer.

Ders. (2011b): Michael Tomasello über Kultur und Zeigesituationen – oder: noch etwas über die Ignoranz der Erziehungswissenschaft. In: Sozialwissenschaftliche Literatur-Rundschau, 34. Jg., H. 62, S. 5–14.

Winterhager-Schmid, L. (2001): Der pädagogische Generationenvertrag: Wandlungen in den pädagogischen Generationenbeziehungen in Schule und Familie. In: Kramer u.a., S. 239–255. *69, 71*

Winnicott, D.W. (2006): Vom Spiel zur Kreativität. Stuttgart: Klett-Cotta. 11. Auflage. *91*

Wissenschaftlicher Beirat für Familienfragen (2002): Die bildungspolitische Bedeutung der Familie – Folgerungen aus der PISA-Studie. Stuttgart: Kohlhammer. *100, 101*

Wolff, A. (1921): Das Prinzip der Selbsttätigkeit in der modernen Pädagogik. Langensalza: Hermann Beyer & Söhne. *37*

Woodill, G.A./Bernhard, J./Prochner, L. (Hrsg.) (1992): International Handbook of Early Childhood Education. New York. *62*

Youniss, J.: (1994): Soziale Konstruktion und psychische Entwicklung. Frankfurt a.M.: Suhrkamp. *109*

Zimmer, J. (Hrsg.) (1985): Erziehung in früher Kindheit. Stuttgart: Klett-Cotta (= Enzyklopädie Erziehungswissenschaft, Band 6).

Zinnecker, J. (1975): Der heimliche Lehrplan. Untersuchungen zum Schulunterricht. Weinheim: Beltz. *64, 102*

Ders. (1991): Jugend als Bildungsmoratorium. Zur Theorie des Wandels der Jugendphase in west- und osteuropäischen Gesellschaften. In: Melzer, W. et al. (Hrsg.): Osteuropäische Jugend im Wandel. Ergebnisse vergleichender Jugendforschung. Weinheim/München: Juventa, S. 9–24..